IRENE BRUNNER

ENTDECKE DIE PUBERTÄT

DAS AUFKLÄRUNGSBUCH FÜR MÄDCHEN AB 9

     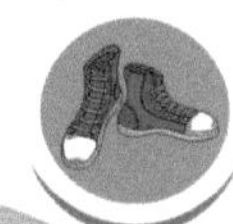

ALLES, WAS DU ÜBER DIE VERÄNDERUNGEN IN DEINEM KÖRPER WISSEN MUSST.

 DEINE REISE ZUR FRAU – SICHER, SELBSTBEWUSST UND VOLLER FREUDE. 

Inhalt

Einleitung: Vom Mädchen zur Frau – der Körper
im Wandel.. 1
   Was ist die Pubertät überhaupt? Finde es heraus!.............. 5

Alles am Körper verändert sich – was nun? 8
   Ab wann beginnt die Pubertät bei dir? 10
   Erste Anzeichen für Veränderungen: Das
   alles passiert in deinem Körper 12
   Keine Panik, das ist alles normal: So gehst
   du mit Veränderungen um! 14
   Komische Gefühle: Alles kribbelt, dann bin
   ich plötzlich traurig, wütend oder genervt! 16
   Suche dir Vertrauenspersonen!... 18

Körperveränderungen wahrnehmen
und akzeptieren. Ich werde eine Frau!................................. 21
   Wenn die ersten Haare sprießen! Ich sehe
   aus wie ein Bär … 23
   Die Brust wächst: Muss ich jetzt einen BH tragen?.......... 25
   Wann wird ein BH nötig? 27
   Meine Vulva verändert sich! So sieht sie aus!.................. 28
   Hilfe, Pickel! Wie mit lästigen Pickeln und
   Mitessern umgehen? 30
   Meine Mama sagt, Schokolade sei schuld an
   den Pickeln... 31
   Was tun gegen die fiesen Pickel? Wie du
   ihnen den Kampf ansagst...................................... 32
   Mama, hol die Hausmittel aus dem Schrank.................. 33
   Der Körper wächst: Plötzlich habe ich breitere
   Hüften!.. 36
   Das ist mir alles peinlich! Ich will diese
   Veränderungen nicht! 38

Ein Küken wird flügge – Verständnis für die
Eltern muss dennoch sein! 38
Die beste Ernährung in der Pubertät: Ja,
auch Chips darfst du essen! 40
Bitte keine Diät – auch wenn deine Freundinnen
dich dazu ermutigen.. 42

Hilfe, Menstruation! Alles, was du
über die Regelblutung wissen musst 44
Die erste Periode: Was passiert im Körper? 46
Der Zyklus – alles wiederholt sich! Auch bei
der Regel!.. 47
Aua! Ich habe starke Regelschmerzen! 50
Binde, Tampon, Menstruationscup – was soll
ich verwenden? 51
Optionen, bei denen du nichts in die Vagina
einführen musst.. 52
Hygieneartikel für das Innere der Vagina.............. 53
Hygiene und Intimpflege: Waschen, was das
Zeug hält?.. 56
Das erste Mal bei der Frauenärztin! 57
Wann ist der Zeitpunkt gekommen, zur
Frauenärztin zu gehen?....................................... 58
Worauf muss ich beim Frauenarztbesuch achten? 59
Neeein! Bitte kein Mann – ich will von einer
Frauenärztin untersucht werden!.......................... 60
Ja, was passiert denn nun? 60
Rat & Menstruations-Tipps – frag Mama
und Freundinnen 61

Gefühle für Jungs: Hilfe, ich bin verliebt............................... 63
Wie gehe ich nur mit all den Liebesgefühlen um?........... 65
Wann passiert der erste Kuss? Und wie küsse
ich überhaupt richtig?.. 67
Die erste Liebe: Willst du mit mir gehen?.............. 69
Schluss gemacht: Hilfe! Ich habe Liebeskummer! 71

Inhalt

Liebeskummer-Symptome – wochenlang
heulen? Auch das geht vorbei! 72
Was mag ein Junge eigentlich? Hier ein paar
Tipps für dich! 74
Was darf ich mit meinem Freund alles machen?
Ist etwas nicht erlaubt? 75

Jeder ist anders 78
Ich stehe auf Mädchen: Bin ich lesbisch? 81
Es ist völlig in Ordnung, mit einem Mädchen
auszugehen 82
Darfst du ausleben, was du fühlst? 83
Du bist okay, so wie du bist! 84
Warum fühle ich mich eher wie ein Junge? 85
Andere sehen dich leider oft nur von außen –
als Mädchen! 86

Das erste Mal – Verhütung und Sex 90
Der richtige Zeitpunkt – gibt es den? 92
Klischee oder Wahrheit: Wird das erste
Mal wehtun? 94
Habe auch ich ein Jungfernhäutchen? Und
reißt das beim ersten Mal ein? 95
Was passiert beim ersten Mal? 96
Was ist Petting? 97
Wo soll ich streicheln? Wo Petting besonders
empfindsam ist! 99
Wieso wird der Penis eines Jungen steif? 100
Wie läuft Sex mit einem Jungen genau ab? 101
Sex mit einem Mädchen haben 103
Selbstbefriedigung – das ist nichts Schlimmes! 103
Wann wirst du schwanger? Achte auf die
Verhütung! 104
Fruchtbare Tage: Wie du sie erkennst 107

Nein sagen! Unbedingt!! 109
Stärke dein Selbstbewusstsein und Selbstvertrauen 111

Suche Sicherheit und Hilfe bei anderen!...................... 112
Was ist denn mit Grenzen setzen gemeint?.................. 113
Du darfst immer Nein sagen!................................ 116
Übungen für das NEIN!.................................... 117
Es ist in Ordnung, dass du fühlst, was du fühlst!........... 118
Schütze dich! Vor Missbrauch, Übergriffen
und Gewalt.. 119

Das Coole am Erwachsenwerden 123
Erfüllende Sport- und Freizeitaktivitäten.................. 124
Beste Freundinnen gehen durch dick und dünn 127
Meine beste Freundin ist ein Junge! Auch mit
Jungs sind Freundschaften möglich! 129
Selbstbestimmt als Mädchen: Du sagst, wo
es langgeht! 130
Als Mädchen selbstbestimmt leben: Welche
Rechte sind damit verbunden? 132
Schminken, shoppen und Partys feiern.................... 133
Alleine weggehen und woanders übernachten............. 135
Sich von den Eltern abnabeln 136

Schlusswort: Wir machen Schluss, und bei dir
fängt erst alles so richtig an! 139
Weiterführende Links und Materialien zum
Thema Pubertät und Erwachsenwerden 140
Zum Recherchieren im Internet 141
Andere Bücher zum Thema Pubertät, die du
lesen kannst.. 142

Quellen... 145

Vom Mädchen zur Frau – wie aufregend!

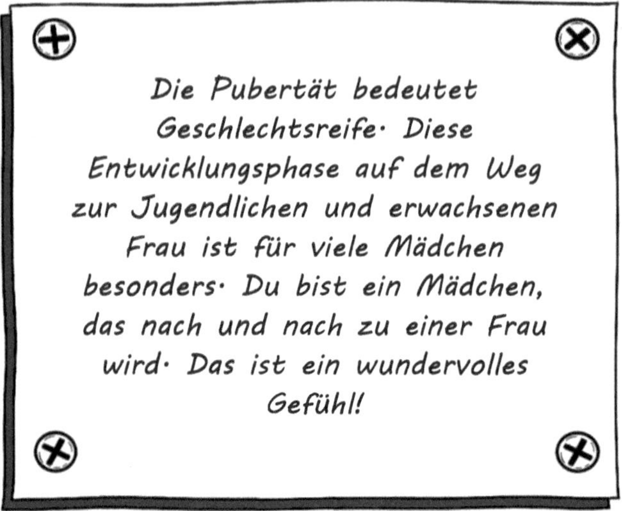

Wenn du bemerkst, dass du in die Pubertät kommst, darfst du dich freuen. Denn es liegen viele bewegende und aufregende Jahre vor dir. Da die Pubertät nicht von heute auf morgen beginnt, kannst du dich auf die Veränderungen, die in deinem Körper vor sich gehen, langsam einstellen. Dieses Buch hilft dir dabei. Denn auf dem Weg zur Frau passiert vieles in deinem Körper, auch Komisches, das dir zuerst fremd erscheint.

Aber nicht nur körperlich gesehen entwickelst du dich zu einer Frau. Auch dein Wesen wächst. Du beginnst, dein Denken zu verändern. Plötzlich fühlst du ganz viele neue Dinge. Du nimmst Empfindungen anders wahr, so wie du sie noch nie gespürt hast. Überall kribbelt es. Deine Welt steht Kopf. Manchmal fühlst du dich seltsam, traurig oder unsicher, dann wieder glücklich, erwachsen und selbstbewusst. Das ist völlig normal. Denn Stimmungsschwankungen gehören in der Pubertät ebenfalls dazu. Dennoch kann diese Lebensphase beängstigend sein. Deshalb solltest du zu Beginn der Pubertät wissen, was dich erwartet und welche körperlichen und geistigen Veränderungen anstehen.

Du wirst in dieser Entwicklungsphase das erste Mal mit Themen wie Sexualität, Menstruation und Verhütung konfrontiert. Diese Themen sind nichts Schmuddeliges, sondern Teil deines weiteren Lebens. Du lernst in diesem Buch, wie du frei und offen mit diesen Themen umgehst und worauf du achten musst, wenn du dich einmal verliebst oder mit jemandem Sex haben willst. Umso besser und umfassender du aufgeklärt bist, desto leichter kannst du mit all den Herausforderungen in der Pubertät umgehen.

Denke daran, du bist damit nicht alleine. Die Pubertät müssen auch alle deine Freunde und Freundinnen meistern. Du kannst das Buch gerne mit ihnen teilen. Denn in der Schule wird wenig über diese Phase gesprochen. Zudem reicht der Sexualkundeunterricht in der Schule normalerweise nicht aus, um richtig aufgeklärt zu sein. Dort erhältst du nicht mehr als die nötigsten Informationen. Und mal ehrlich, vielleicht möchtest du erst einmal für dich selbst etwas nachlesen, bevor du mit deinen Eltern oder Freundinnen darüber sprichst. Schließlich sind die Themen Sex und Pubertät in mancher Hinsicht merkwürdig. Vielleicht' überkommt dich Scham, wenn du darüber nachdenkst, oder es ist dir peinlich. Dich zuerst mit einem Buch aufzuklären, hilft dir dabei, dich langsam, Schritt für Schritt und in deinem eigenen Tempo für das Anstehende in der Pubertät zu öffnen. Außerdem fällt es nicht immer leicht, offen über das Thema zu sprechen. Das Buch bringt deshalb alles auf den Punkt. Es ist so aufgebaut, dass du umfassendes Wissen über die Pubertät, die Veränderungen in deinem Körper, die Sexualität, die erste Liebe und das Erwachsenwerden erfährst. Mithilfe des Inhaltsverzeichnisses kannst du das Thema, das dich interessiert, schnell nachschlagen.

Warum ist Aufklärung wichtig für dich? Gegen Ende der Grundschule beginnt bei den meisten Mädchen die Pubertät. Und auch bei dir dauert es wahrscheinlich nicht mehr lange, bis die erste Regelblutung eintritt. Vielleicht wachsen deine Brüste schon ein bisschen. Dann ist es nur noch eine Frage der Zeit, bis Haare in den Achseln, an den Beinen und im Intimbereich sprießen. Das alles sind Zeichen, dass du erwachsen wirst.

Wenn du dich frühzeitig aufklärst, hast du Zeit, die ganzen Zusammenhänge zu verstehen, die mit der Pubertät zu tun haben. Und du bleibst gelassen. Manchmal kommen beim Lesen Fragen in dir auf. Diese kannst du dann an deine Eltern weitergeben oder mit einer Vertrauensperson teilen. Auch, wenn das Buch dir alles so genau und ausführlich wie möglich erklärt, kann es passieren, dass du Fragen hast. Jede Frage, die dich beschäftigt, ist wichtig und hat eine Berechtigung. Atme einfach tief durch und stelle sie deiner Umwelt. Du hast ein Recht darauf.

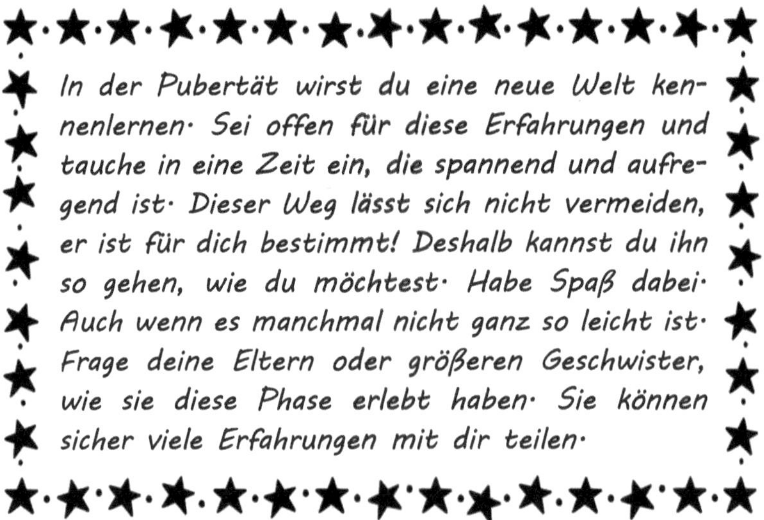

Was ist die Pubertät überhaupt? Finde es heraus!

Kleines Pubertätslexikon:

Pubertät = *Geschlechtsreife, vom Mädchen zur jungen Frau*
Hormone = *chemische Botenstoffe, also kleine Helferchen, die deinen Körper im Gleichgewicht halten und steuern*

Pubertät ist ein lateinisches Fremdwort und bedeutet übersetzt Geschlechtsreife. Damit ist der Lebensabschnitt gemeint, in dem sich Mädchen zu jungen erwachsenen Frauen entwickeln. Das heißt, sie ist geprägt von körperlichen Veränderungen wie dem Wachstum der Brüste und dem Ausreifen der Geschlechtsorgane. Die Pubertät beginnt bei Mädchen zwischen dem achten und 14. Lebensjahr. Bei den Jungen fängt die Pubertät meist etwas später an. Auch bei den Mädchen gibt es Spätentwicklerinnen. Denn jeder Körper ist anders und entwickelt sich in einem ganz eigenen Tempo. Das hat die Natur so eingerichtet und ist überhaupt nicht nachteilig. Übrigens: Ausgelöst wird die Geschlechtsreife bei dir im Kopf. Und zwar durch Hormone, die sogenannten Gonadotropine, die sich in deinem Gehirn bilden. Sie sorgen dafür, dass deine Keimdrüsen wachsen. Diese Keimdrüsen sind anschließend dafür verantwortlich, dass sich die Sexualhormone entwickeln. Und die Sexualhormone sind es, die zu Veränderungen in deinem Körper führen und dich zu einer Frau heranwachsen lassen. Sie kümmern sich zudem darum, dass deine Geschlechtsorgane, also die Vagina und die Eierstöcke, heranreifen.

- Hormone sind kleinste Teilchen in deinem Körper, die für viele Dinge verantwortlich sind, wie zum Beispiel für gute oder schlecht Laune, Angst oder Hunger. Sie regulieren deine Gefühle und sorgen dafür, dass du heranwächst und sich dein Körper entwickelt. Auch auf das Aussehen haben sie Einfluss. Hormone sind also nichts anderes als Helferchen, die Dinge in die Wege leiten und darauf aufpassen, dass dein Körper richtig funktioniert und reagiert.

- In der Pubertät sind die weiblichen Hormone Östrogen und Gestagen für fast alle Veränderungen an und in deinem Körper verantwortlich. Sie befinden sich in den Eierstöcken und fördern das Wachstum sowie die Geschlechtsreife deiner Körperteile und deiner Organe. Übrigens, bei den Jungs sind männliche Hormone für das Heranwachsen zum Mann verantwortlich.

- Nicht nur körperlich entwickelst du dich zu einer Frau. Ebenso dein Wesen, deine Gefühlswelt, dein Denken und Fühlen verändern sich. Auch dafür sind die Hormone verantwortlich. Sie kümmern sich darum, dass du selbstständiger wirst. Das kann für den Körper stressig werden, deshalb wirst du dich manchmal wütend oder genervt fühlen.

Du bist ein Mädchen und verwandelst dich wie ein Schmetterling in eine Frau. Das ist wundervoll. Für dich beginnt ein ganz neuer Abschnitt. Du wirst viele Erlebnisse und Empfindungen haben, die du so noch nie erlebt hast. Und die Hormone helfen dir dabei.

Die Pubertät endet, wenn die Geschlechtsreife erreicht ist und du Kinder bekommen könntest. Sprich, in der Pubertät ist dein Körper im Modus Baustelle. Nach dem Umbau bist du körperlich dazu fähig, Kinder zu zeugen.

Alles verändert sich – was nun?

Kleines Pubertätslexikon:

Talg = Sekret, das Drüsen in der Haut produzieren

Geschlechtsreife = ab diesem Zeitpunkt ist dein Körper so weit entwickelt, dass du schwanger werden kannst

Uterus/ Gebärmutter = Organ deines weiblichen Geschlechtsapparats, darin wachsen Babys im Bauch

Eisprung = wenn die Eizelle aus dem Eierstock ausgestoßen wird

Eizelle = weibliche Keimzelle, wenn sie befruchtet wird, entsteht ein Baby

Eileiter = schlauchartiger Gang, der zur Gebärmutter führt

Eierstöcke = Geschlechtsorgan, wo die Eizellen produziert werden

Kitzler = Klitoris, eine empfindliche Stelle, dort wo die kleinen Schamlippen oben aufeinandertreffen

Menarche = so wird die erste Regelblutung in deinem Leben bezeichnet

Wie du jetzt erfahren hast, verändert sich dein Körper in der Pubertät. Du wirst an manchen Stellen runder. Du bekommst weibliche Formen. Deine Brüste wachsen. Schamhaare und Achselhaare sprießen und deine Haut produziert mehr Talg. Dein Körper läuft in dieser Phase praktisch auf Hochtouren, damit er dich von einem Mädchen in eine Frau verwandeln kann. Das ist für den Körper unter Umständen stressig, sodass es vorübergehend zu fettigen Haaren, Pickeln, Hautunreinheiten und stärkerem Körpergeruch kommen kann. Auch wirst du langsamer müde, hast mehr Energie und gehst später schlafen. Die Gebärmutter und die Vagina entwickeln sich weiter. In den Eierstöcken bilden sich Eizellen. Es kommt zum ersten Eisprung und somit zur ersten Regelblutung. Vielleicht hast du bei Klassenkameradinnen, Freundinnen oder bei dir selbst schon erste Veränderungen festgestellt.

Ab wann beginnt die Pubertät bei dir?

Pubertät? Auch das noch, denkst du dir vielleicht. Es wäre doch viel besser, wenn sich das umgehen ließe. Doch die Natur hat es so eingerichtet, dass Kinder im Laufe ihres Lebens nach und nach zu Erwachsenen heranreifen. Dieser Prozess ist nicht aufhaltbar. Er beginnt bei jedem Kind anders und zu einem anderen Zeitpunkt. Das heißt, du kannst nicht darüber bestimmen, wann dieser Entwicklungsprozess anfängt. Das kann bereits mit neun Jahren geschehen, oder erst mit 13 oder 14 Jahren.

Das erste Anzeichen für das Einsetzen der Pubertät ist in der Regel das Wachsen deiner Brüste. Und es verändern sich die Geschlechtsorgane. Da ein Großteil deiner weiblichen Geschlechtsorgane wie Eileiter, Eierstöcke und Gebärmutter im Inneren deines Körpers sind, ist der Beginn der Pubertät vielleicht nicht gleich erkennbar. Zumal einige Prozesse sehr langsam passieren. Sichtbar wird der Prozess der Geschlechtsreife, wenn du, wie gesagt, Veränderungen an deinen Brüsten wahrnimmst und sich unter den Achseln erste Haare bilden. Auch die Schambehaarung fängt an zu sprießen. Das sind die gängigsten Anzeichen dafür, dass du in die Pubertät gekommen bist.

Übrigens ist das Alter, in dem Mädchen in die Pubertät kommen, in den letzten 150 Jahren stark gesunken. Mädchen bekamen früher die erste Regelblutung mit 15 bis 17 Jahren. Heute liegt das durchschnittliche Alter bei etwa 13 Jahren. Auch bist du als Mädchen früher dran als die Jungs in deinem Alter. Bei ihnen startet die Pubertät frühestens mit zwölf Jahren.

Ist es schlimm, wenn ich mit zwölf Jahren noch keine großen Veränderungen an mir wahrnehme?
Vielleicht haben ein paar Freundinnen von dir bereits die erste Regelblutung bekommen und du wartest vergeblich auf sie. Mach dir keine Gedanken oder Sorgen. Nicht jedes Mädchen entwickelt sich im gleichen Zeitraum. Die Pubertät verläuft bei jedem individuell. Und die Reifezeichen (größere Brüste, erste Regel, Schamhaare) verlaufen zeitlich bei jedem Mädchen unterschiedlich. Es ist völlig normal, wenn du auch mit zwölf Jahren noch keine großen Veränderungen an dir wahrnehmen solltest. Denn nochmals: Jeder weibliche Körper verhält sich anders: Wo bei dir zuerst die Brust wächst, kann bei einer Freundin die Regelblutung als Erstes auftreten. Das ist alles in Ordnung. Die Reihenfolge der Prozesse und der Veränderungsbeginn sind bei jedem Mädchen anders. Sie sagen nichts über dich, deine Persönlichkeit oder dein Wesen als Mädchens aus. Mach dir deshalb keine Sorgen, wenn du Veränderungen an dir später oder früher als bei deinen Freundinnen entdeckst.

Erste Anzeichen für Veränderungen: Das alles passiert in deinem Körper

- Im Alter von neun bis 14 Jahren werden bei dir die ersten **Scham- und Achselhaare** wachsen.

- Deine **Brüste** werden meistens zwischen deinem zehnten und 15. Lebensjahr größer, bis sie ausgewachsen sind.

In der beginnenden Pubertät machst du im wahrsten Sinne des Wortes einen Schub. Wenn deine Oma dir sagt: „Mensch Kind, bist du gewachsen!", und es dir selbst aufgefallen ist, dass dein Körper weniger kindlich ist, wird die Entwicklung deiner Geschlechtsreife wohl schon in vollem Gang sein. Das, was du von dir gekannt hast, ist plötzlich anders. Und du wächst einfach über dich hinaus.

Erinnerst du dich an die Hormone, die den Pubertätsprozess in Gang bringen? Nun, sie sind es, die jetzt Signale an deinen Körper senden, damit es zu einem Wachstumsschub kommt. Du wirst viel größer, aber auch deine Hüften und Brüste wachsen und verändern sich. Der Körper stellt sich um und verwandelt dich in eine junge Frau. Das passiert, damit du in der Zukunft Kinder bekommen und nähren kannst.

Deine Kleidung aus Kindertagen wird dir plötzlich nicht mehr passen und die Hosen werden zu eng. Bisher waren deine Haare am Körper flauschig, kurz, hell und wenig sichtbar. Doch nun verändert sich ihre Struktur. Sie werden dunkler, strubbeliger und wachsen an Stellen, an denen du vorher keine Haare hattest. Das mag zuerst komisch sein, vielleicht stört es dich auch. Oder du erschreckst darüber. Aber in der Pubertät entwickelt sich nun mal die Körperbehaarung. Sie hat darüber hinaus einen wichtigen Zweck. Und irgendwann kommt es zu deiner ersten

Regelblutung, der Menarche. Diese kündigt sich schon einige Zeit im Voraus an, und zwar durch einen „Weißfluss". Wenn in deiner Unterhose ein stärkerer, milchig aussehender Ausfluss auftaucht, weißt du, dass die erste Regel in den nächsten Wochen oder Monaten eintritt. Dazu aber später mehr.

Egal, welche körperliche Veränderung zuerst einsetzt, sie tritt oft unverhofft ein. Mit dir ist aber alles völlig in Ordnung. In deinem Körper passieren während eines Zeitraums von mehreren Jahren ganz viele Dinge. Neben Haarwuchs, Hautveränderungen und Wachstum der Geschlechtsmerkmale wird auch seelisch viel bei dir los sein. Du wirst wahrscheinlich in der Pubertät die ersten sexuellen Erfahrungen machen und dich vielleicht sogar verlieben.

NOCH EINMAL ZUSAMMENGEFASST: In der Pubertät wächst du jährlich zwischen drei und zehn Zentimetern! Am meisten wächst du allerdings im Alter zwischen zehn und 14 Jahren. Dein Körperfett wird mehr und du bekommst rundliche Formen. Die Hüfte wird breiter, die Brüste fangen an, sich auszubilden. Die ersten Scham- und Achselhaare wachsen. Vagina und Gebärmutter entwickeln sich. Auch die erste Regelblutung ist ein Teil der Pubertät.

Sind die Phasen der Pubertät bei Mädchen und Jungen gleich? Die Phasen der Pubertät sind bei Jungen und Mädchen im Grunde die gleichen. Dennoch unterscheidet sich die männliche von der weiblichen Pubertät in den körperlichen Veränderungen. Auch sind andere Hormone wie Testosteron für diese Prozesse zuständig. Jungen kommen später in die Pubertät als Mädchen (rund zwei Jahre danach). Deswegen nerven die Jungs in deiner Klasse manchmal so. Sie sind meistens noch nicht so reif wie du. Die pubertäre Phase endet bei Mädchen meistens im Alter von 16 Jahren. Bei den Jungen ist sie oft erst mit dem 18. Lebensjahr abgeschlossen.

Keine Panik, das ist alles normal: So gehst du mit Veränderungen um!

Wenn die Hormone einmal in Gang kommen, verändert sich unglaublich viel bei dir. Und zwar innerlich wie äußerlich. Dass du dich bei diesen zum Teil scheinbar plötzlichen Veränderungen unwohl fühlen magst, ist normal. Du hast bisher mit einem anderen Körper gelebt.

Von der kindlichen Figur in einen weiblichen Körper zu wechseln, sorgt bei jedem Mädchen zuerst für Panik. Schließlich begibst du dich auf neues Terrain und gehst durch Prozesse hindurch, die du nicht verändern oder beeinflussen kannst. Keine Kontrolle zu haben, löst bei jedem Menschen Unsicherheiten oder Ängste aus.

Aber keine Panik: Du musst nur wissen, wie du damit am besten umgehst. Hier gilt: Wenn du weißt, was in deinem Körper passiert und wie er sich verändert, verstehst du dich besser. Das nimmt viele Ängste und Zweifel. Dann bist du dir bewusst, dass alles, was dir passiert, völlig normal ist und es anderen Mädchen in deinem Alter ähnlich geht. Auf diese Weise kannst du mit deiner Pubertät viel besser umgehen.

Da dein Körper in dieser Phase damit beschäftigt ist, dich fraulicher werden zu lassen, verändert sich dein Körpergewicht und dein Becken wird breiter. Das versetzt dich vielleicht in Angst und Schrecken. Du hast Angst, plötzlich als dick zu gelten. Oder es gefällt dir einfach nicht! **Und weißt du was:** Ein solches Denken hat jedes Mädchen schon einmal gehabt. Was jetzt auf dich zukommt, würde jeder am liebsten wieder rückgängig machen. Natürlich geht das nicht. Gehe einfach gut mit dir und deinen Veränderungen um.

Bedenke, dass es eine gewisse Zeit braucht, bis du dich voll und ganz akzeptiert hast. Und vergleiche dich nicht mit deinen Freundinnen. Es spielt keine Rolle, wenn bei der besten Freundin die Hüfte nicht so stark wächst wie bei dir. Nur weil du dir im Moment nicht gefällst, bist du nicht hässlich. Im Gegenteil, du bist im Begriff, eine wunderschöne, selbstständige Frau zu werden, die über ihr eigenes Leben bestimmen kann. Mit der Zeit lernst du, dass es nicht darum geht, den anderen zu gefallen, sondern nur dir selbst. Die Veränderungen an deinem Körper sind ein Teil deiner natürlichen Entwicklung.

Bedenke auch, dass jeder Körper anders aussieht und du zudem noch im Wachstum bist. Erst in einigen Jahren werden sich deine Körperform und Figur komplett einpendeln. Möglicherweise siehst du dann ganz anders aus, als du es jetzt oder mit 15 Jahren tust. Es bedeutet also nicht, dass du dicker wirst, wenn sich deine Körperform verändert.

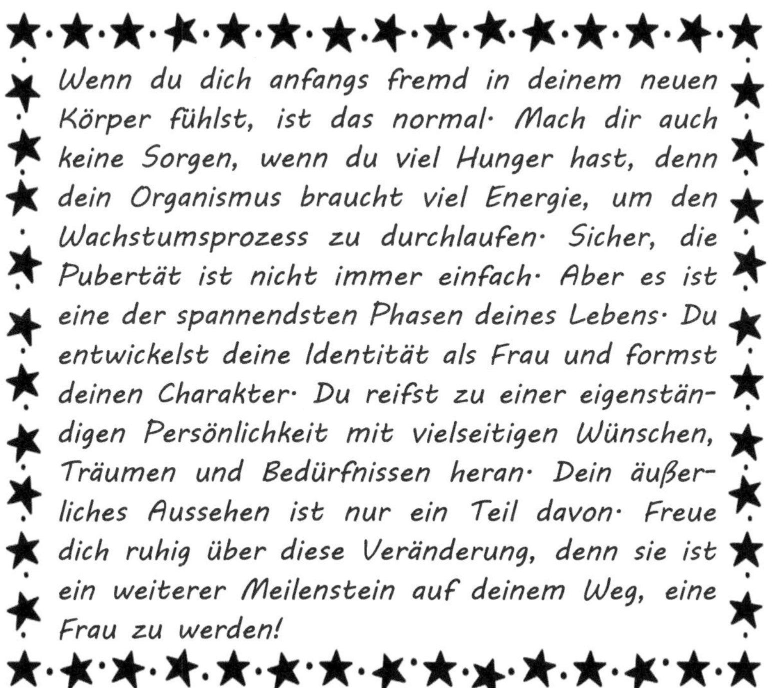

Komische Gefühle: Alles kribbelt, dann bin ich plötzlich traurig, wütend oder genervt!

Wer bin ich? Das wirst du dich in der Pubertät öfter fragen. Denn die Gefühle kommen in dieser Phase ganz schön durcheinander. Lachen, weinen, traurig, überglücklich, gestresst oder von allem genervt – ein ganzes Durcheinander an Gefühlen und Emotionen wird dir begegnen. Der Stress, den dein Körper aufgrund der voranschreitenden Veränderungen erlebt, ist anstrengend. Auch für den Geist. Das kann dir sprichwörtlich auf die Nerven gehen.

Wenn du dich mal glücklich, mal traurig fühlst, ist das also nicht verwunderlich. Deine Gefühle können sich sogar ganz schnell abwechseln. Und zwar, ohne, dass du den Grund dafür kennst. Alles ganz normal. Nimm sie an, so wie sie kommen. Denn sie sind etwas Wunderbares, auch wenn sie deinen Alltag manchmal völlig auf den Kopf stellen. Zudem sind sie ein wichtiger Teil deiner persönlichen Entwicklung. Dank ihnen machst du neue Erfahrungen. Du probierst neue Dinge aus. Und du fängst an, Einstellungen und Meinungen zu bilden, die dich bis ins Erwachsensein prägen.

Dass du dich in diesem Zusammenhang vielleicht manchmal einsam oder unverstanden (vor allem von den Eltern) fühlst, ist normal. Übrigens, deine erhöhte Reizbarkeit und plötzlich aufkommende Wut, hat damit zu tun, dass sich in der Pubertät dein Gehirn verändert und neu sortiert. Du kannst also nichts für deine Launenhaftigkeit.

Die Hormone spielen verrückt? Das ist ein Ausdruck, der wie die Faust aufs Auge zur Pubertät passt! Ihnen hast du nicht nur die körperlichen Veränderungen zu verdanken. Sie sorgen zudem für das große Kribbeln im Körper. Du wirst wissen, was es ist, wenn du es zum ersten Mal erfährst. Denn das hast du so noch nicht erlebt oder gefühlt. Dein ganzer Körper kribbelt dann, wird heiß und du fühlst dich freudig erregt oder bist wahnsinnig aufgeregt. Das passiert möglicherweise, weil du einen Jungen gesehen hast, den du magst. Es ist ein Gefühl, das wirklich wunderschön ist und du voll auskosten solltest.

Was ist mit den Gefühlen, die Traurigkeit auslösen? Lassen sich diese verhindern? Leider nicht immer. Manchmal überkommt dich die Trauer ganz plötzlich. Oft übermannt sie dich kurz vor der Regelblutung, da sich in diesem Moment die Hormone verändern. Bewerte die traurigen Gefühle aber nicht über. Zumal der Zustand der Traurigkeit nur kurz anhält. Danach scheint die Sonne wieder für dich! Und wie du bei deinen Eltern oder älteren Geschwistern schon bemerkt hast, kannst du negative Gefühle nie komplett von dir fernhalten. Denn Liebeskummer, der Bruch von Freundschaften oder andere emotionale Belastungen bleiben nicht aus. Und dass deine schlechte Stimmung manchmal zu Streitigkeiten mit den Eltern führt – besonders in der Pubertät – ist ebenfalls unvermeidbar. Frage deine Eltern, wie häufig sie sich mit ihren Eltern gezankt haben, als sie in der Pubertät waren. Auch sie dürften damals die Ansichten ihrer Eltern nicht verstanden haben. Versuche, in solchen Momenten Ruhe zu bewahren. **Unser Motto lautet:** Stimmungsschwankungen, Gereiztheit und Traurigkeit sind leider Nebenwirkungen der Hormonumstellung. Ärgere dich nicht übermäßig darüber und freue dich über die guten Tage mit dem Kribbeln im Körper!

Was tun, wenn dich dein verändertes Aussehen plagt? Wenn du dir selbst nicht gefällst? Oder, wenn du Angst hast, abgelehnt oder verspottet zu werden? Hast du solche Gefühle, kann auf Dauer dein Selbstbewusstsein darunter leiden. Vielleicht haben deine Freundinnen oder du selbst schon einmal Dinge gesagt wie: „Ich bin zu dick", „Ich bin hässlich", oder „Ich habe zu viele Pickel". Diese Selbstzweifel sind nicht schön. Keiner sollte sie haben. Bleibe am besten locker. Wenn du die Selbstzweifel nicht allzu ernst nimmst und du über dich selbst lachen kannst, wird die Welt bald wieder in Ordnung sein. Pickel gehen irgendwann wieder weg und dein Körper ist noch lange nicht fertig. Rede aber mit jemanden, dem du vertraust, wenn du dich nicht wohl in dir fühlst. Denn dahinter kann sich die Angst davor verstecken, erwachsen zu werden. Oder möglicherweise fühlst du dich abgelehnt. Liebevolle Gespräche mit deinen Eltern, Geschwistern oder Freunden helfen dir, deinen Selbstwert zu stärken.

Suche dir Vertrauenspersonen!

Wie du jetzt gelernt hast, ist es nicht möglich, in der Pubertät negative Gefühle komplett von dir fernzuhalten. Auch das ist Teil des Erwachsenwerdens. Manchmal können die Gefühle allerdings sehr stark werden und dich belasten. Wenn du den

Eindruck hast, dass du mit ihnen nicht alleine klarkommst, rede mit einer Person, der du vertraust. Denn du musst nicht alleine durch die Pubertät gehen. Suche das Gespräch mit deinen Eltern, deinen Großeltern, deiner Tante, deiner großen Schwester oder deinen engsten Freundinnen.

Wenn du Belastungen teilst, wiegen sie nur noch halb so viel! In einer Phase deines Lebens, in der sich alles verändert und neu für dich ist, tut es gut, deine Erfahrungen und Erlebnisse mit den engsten Freundinnen zu teilen und sich auszutauschen. Das macht dich stärker und kräftigt zudem gleichzeitig das Vertrauen zwischen euch. Denn gemeinsam ist man immer stärker!

Ein aufrichtiges Gespräch festigt außerdem jedes Vertrauensverhältnis. In welche Menschen du vertraust, ist dir überlassen. Doch es ist wichtig, dass du dich nicht in dir selbst vergräbst, wenn es dir schlecht geht, sondern offen mit den Vertrauenspersonen deiner Wahl redest. Sie werden dich auf deinem Weg begleiten und dir helfen, besser mit deinen Gefühlen und Gedanken umzugehen.

Denke daran, dass du in einem Alter bist, in dem du noch nicht alleine klarkommen musst, sondern die Unterstützung durch Familie und Freunde weiterhin absolut nötig ist. Die Gefühle in der Pubertät können dich stark herausfordern und manchmal sogar überfordern. Wenn diese übermächtig werden, aber gerade keine Vertrauensperson zur Hand ist, kannst du bestimmte Techniken nutzen, die dir helfen, um dich erneut auf das Positive zu konzentrieren. Denn Gedanken und Gefühle lassen sich nicht nur verstärken, sondern auch abschwächen.

Welche Techniken helfen, negative Gefühle abzuschwächen? Wenn mal keine Vertrauensperson zur Stelle ist, kannst du dir selbst helfen. Zumindest vorübergehend. Die folgenden Techniken sind so etwas wie ein Erste-Hilfe-Kit. Beruhigend und zum Abbauen von negativen Gefühlen ist Yoga für Jugendliche bestens geeignet. Im Internet gibt es zahlreiche YouTube-Kanäle, die sich mit Yoga für Kinder und Teenager beschäftigen. Ein Beispiel wäre der Kanal Yoga mit Flowingbody. Dort gibt es viele Young-Yoga-Klassen, die du kostenlos mitmachen kannst. Wenn du dich generell für Yoga interessierst, können deine Eltern sicher eine Yoga-Schule für dich ausfindig machen. Neben Yoga helfen dir auch Achtsamkeits- und Atemübungen sowie beruhigende Musik, um dich aus der negativen Gedankenspirale zu befreien. Du wirst sehen, wie hilfreich diese Techniken sind. Danach fühlst du dich gleich entspannter und besser. Diese Techniken geben dir zudem Sicherheit.

Das passiert in deinem Körper

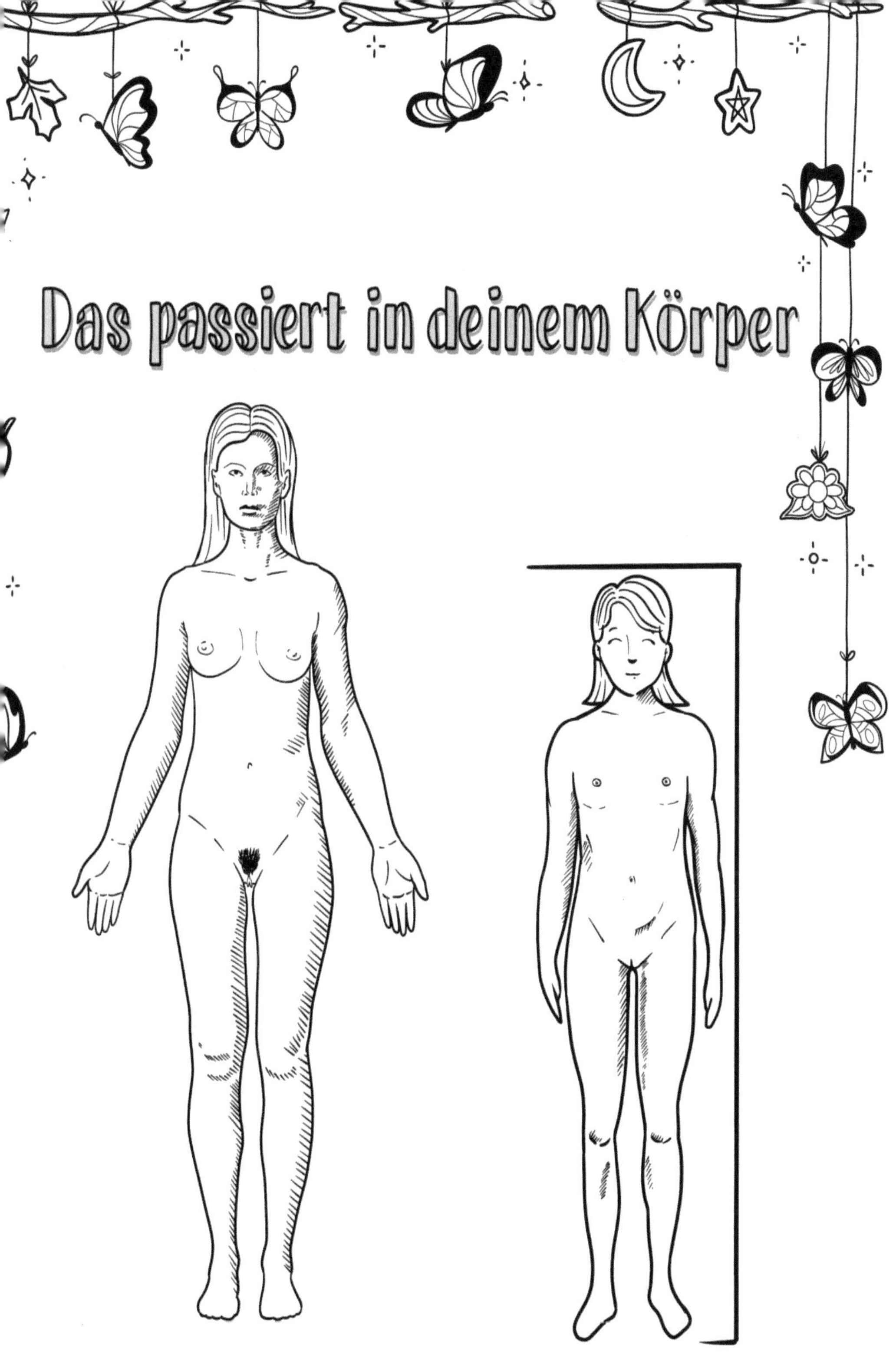

Kleines Pubertätslexikon:

Gebärmutterschleimhaut = bildet sich jeden Monat neu in der Gebärmutter, damit sie eine befruchtete Eizelle aufnehmen kann

Vagina = anderes Wort für Scheide; beides bezeichnet den inneren Teil des weiblichen Geschlechtsorgans

Intimbereich = Körperregion rund um deine Scheide

Vulva = gemeint ist damit der äußere Teil des weiblichen Geschlechtsorgans

Labien = Schamlippen oder Vulvalippen

Venushügel = Erhebung, dort, wo die äußeren Schamlippen oben zusammenlaufen.

Milchdrüsen = damit kommt jedes Mädchen und jeder Junge auf die Welt, aber bei Mädchen wachsen und entwickeln sich diese in der Pubertät, damit sie später funktionieren, um ein Kind zu stillen

Akne = Hautkrankheit, bei der sich viele Pusteln und Pickel bilden

Im zweiten Kapitel hast du bereits einen Überblick erhalten, durch welche körperlichen Veränderungen du in der Pubertät gehst. Jetzt geht es in diesem Kapitel ins Detail. Denn du solltest über die Vorgänge in der Pubertät so genau wie möglich Bescheid wissen.

Wie du auf dem Bild sehen kannst, verändern sich bei Mädchen in der Pubertät äußerlich viele Dinge. Deine Brüste wachsen, du wirst größer, du bekommst weibliche Kurven und erhältst an Bauch, Hüfte und Oberschenkeln mehr Körperfett. Zudem wachsen deine Geschlechtsorgane und die Vagina vergrößert sich. Außerdem bekommst du Achselhaare und Haare im Intimbereich. In deinem Körper werden sich die Organe und das Gehirn verändern. Die Gebärmutterschleimhaut bildet sich aus, die Eierstöcke wachsen, erste Eizellen reifen heran. Dann folgt der erste Eisprung und in der Folge kommt es zu deiner ersten Regelblutung. Auch dein Hautbild verändert sich. Pickel und Mitesser sprießen und du fängst an, anders zu riechen. Da kommt also eine ganze Menge auf dich zu.

Wenn die ersten Haare sprießen! Ich sehe aus wie ein Bär

Bisher waren deine Haare am Körper flauschig, kurz, hell und wenig sichtbar. Doch nun verändert sich ihre Struktur. Sie werden dunkler, strubbeliger und wachsen an Stellen, an denen du vorher keine Haare hattest. Das mag zuerst komisch sein, vielleicht stört es dich auch. Oder du erschreckst darüber. Aber in der Pubertät entwickelt sich nun mal die Körperbehaarung. Sie hat darüber hinaus einen wichtigen Zweck. Zum Beispiel sind die Haare unter den Achseln dazu da, die Temperatur zu regulieren. Sie helfen auch, Schweiß leichter nach außen abzugeben, und das ist gesund. Die Haare im Intimbereich schützen deine Geschlechtsorgane und die Vulva. Das sind schließlich sensible Körperstellen. Zudem verhindern die Schamhaare, dass Keime ins Innere gelangen.

Du siehst also, dass die Körperbehaarung viele sinnvolle Zwecke erfüllt. Wenn dir diese Veränderung am Anfang komisch vorkommt, ist es nicht ratsam, die Haare einfach wegzurasieren. Du kannst es natürlich tun, aber es ist kein Schönheitsmakel, mit Haaren unter den Achseln, an den Beinen und um die Vulva herumzulaufen. Beobachte einmal im Sommer, wie viele jüngere Frauen mittlerweile ihre Körperbehaarung mit Stolz tragen. Sie sagen anderen: „Schau her, mir ist egal, was du denkst. Ich habe keinen Bock, mich zu rasieren!" Unrasierte Mädchen und Frauen sind kein Tabu, sondern ein Zeichen von Selbstbewusstsein. Es gibt sogar Jugendliche, die sich die Körperhaare bunt färben und sie als Schmuck und Ausdruck ihrer Identität ansehen.

- Das Wachstum der Körperhaare beginnt mit der Pubertät im Intimbereich und unter den Armen mit kleinen feinen Härchen.

- Mit der Zeit wird diese Behaarung stärker und, abhängig von der körperlichen Veranlagung, auch dunkler.

- Die Haare im Intimbereich wachsen rund um die Vulva. Ebenso wachsen auf dem Venushügel Haare. Zuerst werden es einzelne feine Härchen sein. Später wird der Haarwuchs dichter.

- Unter den Achseln wachsen die Haare zuerst flach und sind ein leichter Flaum. Später fangen sie an, sich zu kräuseln und sich dunkler zu färben.

Übrigens, bei einigen Mädchen kann sich während der Pubertät ein feiner Oberlippenbart bilden. Das ist zwar nur ein leichter Flaum, aber es ist verständlich, wenn er einen stört. Diesen einfach mit einem Rasierer zu entfernen, wird dir wenig helfen. Denn die Haare kommen so lange wieder, bis die Pubertät abgeschlossen ist. Wenn du zu den Betroffenen gehörst und dich dieser Flaum stark belastet, rede mit deinen Eltern oder einem Arzt darüber. Sie können dir helfen.

Die Brust wächst: Muss ich jetzt einen BH tragen?

Ob zuerst die Achselhaare, die Haare im Intimbereich oder die Brüste wachsen, ist bei jedem Mädchen anders. In der Regel sind erst die Haare und dann die Brüste dran. Dass deine Brüste wachsen, siehst du, wenn du deine Brustwarzen betrachtest. Wenn diese dunkler und größer geworden sind und sich langsam wölben, ist das ein Zeichen für das Brustwachstum. Bei einigen Mädchen wachsen die Brüste unterschiedlich schnell, sodass zwischendurch mal eine Brust etwas größer ist. Auch das ist normal. Die Unterschiede gleichen sich später wieder aus.

Jede weibliche Brust sieht anders aus. Es gibt sie in allen möglichen Formen und Größen und jede Brust ist schön. Lass dich nicht von den Aussagen anderer beeinflussen, dass du einen flachen Busen hast und dadurch nicht schön bist oder dass deine Brüste einem Atombusen gleichen. **Nichts von dem ist wichtig**. Davon abgesehen, gibt es genauso viele unterschiedliche Geschmäcker wie es Formen und Größen gibt. Deine Brust definiert zudem nicht, wer du bist. Noch wird sich ein Junge weniger in dich verlieben, nur weil deine Brust zu klein oder zu groß ist. Gehe selbstbewusst mit deiner Brust um.

Das Wachsen deiner Brüste ist wohl das Erste, das dir, aber auch allen anderen auffallen wird. Im Schwimmunterricht, beim Sport und zu Hause, die Entwicklung deiner Brüste ist für alle sichtbar. Das mag dir möglicherweise unangenehm sein oder dich ängstigen. Muss es aber nicht. Auch wenn deine Brust wächst, darfst du weiterhin ein Kind bleiben.

Dauert es lange, bis die Brüste ausgewachsen sind?
Bis die Brüste ausgewachsen sind, dauert es einige Jahre. Ihre Form und Größe kannst du nicht beeinflussen. Das Aussehen der Brüste ähnelt aber meistens dem deiner Mutter, Tante oder Oma. Denn diese vererben die Form und Größe an dich.

Tut es weh, wenn die Brüste wachsen?
Ja, es kann sein, dass du etwas spürst, wenn die Brüste wachsen. Vielleicht macht sich ein leichtes Ziehen bemerkbar. Das Wachsen der Brüste kann zudem ab und zu ein Kribbeln verursachen, manchmal ist es auch schmerzhaft, wenn die Brüste weiterwachsen. Besonders im Sportunterricht kann es passieren, dass dir die Brüste wehtun. Dann hilft dir ein Sport-BH.

Wann wird ein BH nötig?

Das Thema BH ist ein sensibles Thema. Es mag dich womöglich verunsichern. Vielleicht haben einige Freundinnen von dir bereits mehrere BHs in ihrer Schublade, die auch schön anzusehen sind. Aber du willst davon nichts wissen. Wenn du dich unwohl fühlst wegen der wachsenden Brüste und dir die Blicke von Jungs und anderen Mädchen unangenehm sind, ist es verständlich, dass du auf einen BH verzichten willst. Du fühlst dich vielleicht einfach noch nicht wie eine junge Frau, sondern weiterhin wie ein Kind. Deshalb würdest du nichts lieber tun, als deine Brüste unter einem weiten Kleidungsstück zu verstecken. Das ist in Ordnung! Mache das, wonach dir ist.

Gewöhne dich in deinem eigenen Tempo an deine Brüste. Du musst keinen BH tragen, nur weil es sich angeblich so gehört. Es gibt zahlreiche Sorten Unterwäsche für jugendliche Mädchen, die statt einem BH ein Top beinhalten. Dieses schützt deine Brüste ebenfalls. Denn nochmals: Du musst keinen BH tragen, wenn du dich dazu noch nicht bereit fühlst. Bedenke aber, dass ein BH an sich nichts Schlechtes ist. Im Gegenteil, er ist ein praktisches Utensil, das deine Brüste beim Sport oder bei bestimmten Bewegungen zusammenhält. Zudem kann dir ein BH helfen, weniger Wachstumsschmerzen zu haben. Bei sportlicher Betätigung können die wippenden und hüpfenden Brüste nämlich richtig wehtun. Wenn dem so ist, solltest du nicht leiden und deine Mutter oder beste Freundin bitten, mit dir einkaufen zu gehen.

Du kannst dich dazu entscheiden, einen BH nur für den Sport zu tragen und ansonsten darauf zu verzichten. Oder du gehörst zu den Mädchen, die einen BH tragen möchten, weil sie sich weiblicher fühlen wollen. Auch kannst du dich für einen BH entscheiden, wenn es dir unangenehm ist, dass sich die Brustwarzen und deine Brüste unter deinem Shirt abzeichnen.

- BHs gibt es in vielen unterschiedlichen Größen, Formen und Arten. Probiere sie an und lass dich beraten, welcher BH für dich infrage kommt. Mit der Zeit weißt du dann, welche BH-Größe du benötigst.

- Einige Mädchen kaufen extra eine größere BH-Größe, um vor den Freundinnen besser dazustehen. Das solltest du nicht tun. Wenn dir der BH nicht passt, erfüllt er seine Funktion nicht richtig. Auch wird es dann richtig unangenehm, diesen zu tragen.

Meine Vulva verändert sich! So sieht sie aus

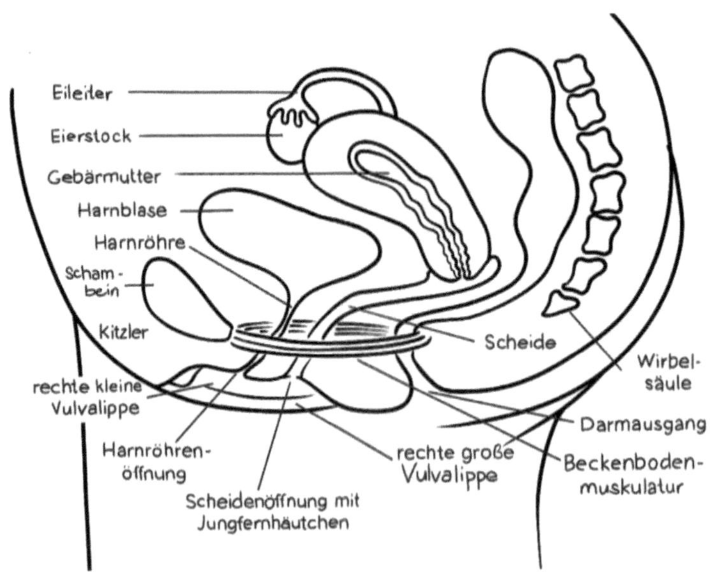

So ist das Geschlechtsorgan eines Mädchens aufgebaut.

Wie du gelesen hast, verändern sich in der Pubertät nicht nur die Brüste, sondern auch deine Geschlechtsorgane. Äußerlich kannst du das an deiner Vulva erkennen. Sie verändert sich nämlich ebenfalls. Deine Vulvalippen werden größer und dein Kitzler wächst ein wenig. Damit ist die Klitoris gemeint. Sie ist ganz empfindlich und eine dortige Berührung kann zu besonders angenehmen Gefühlen führen. Sie liegt versteckt zwischen den Vulvalippen, und zwar dort, wo diese oben zusammenwachsen. Du kannst sie sehen, wenn du deine Vulvalippen vorsichtig auseinanderziehst. Mehr zur Klitoris bei sexueller Erregung erfährst du weiter hinten im Buch.

Welche Veränderungen passieren noch? Deine Vulva wächst nicht nur, sie verfärbt sich auch und wird dunkler. Die Gebärmutter (Uterus) im Inneren nimmt eine Birnenform an. Die Vulvalippen, die deine Vagina außen umschließen, verändern sich ebenfalls. Es gibt innere und äußere Vulvalippen, sie werden auch als Labien bezeichnet. Bei manchen Mädchen sind die inneren Vulvalippen sichtbar, da sie über die äußeren ragen. Bei anderen Mädchen ist es genau andersherum.

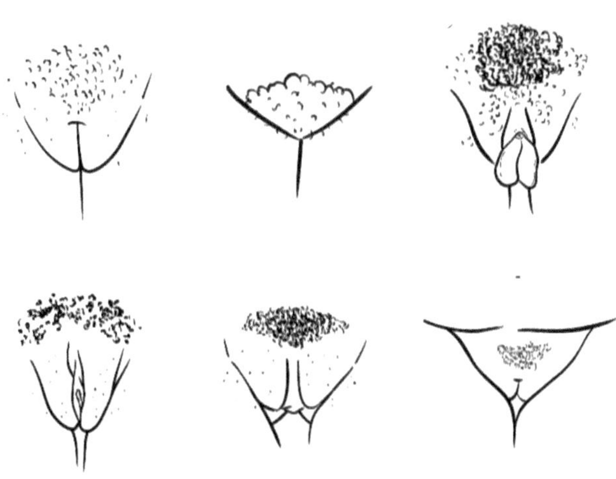

Die Vulvalippen können zudem unterschiedlich groß werden. Und sie können sich rosa, dunkelrot, bräunlich oder hellrot verfärben. Auch kräuselt sich die Haut der inneren Vulvalippen oft. Wie bei den Brüsten gibt es hier kein Ideal und keine Norm. Jede Vulva ist unterschiedlich und sieht anders aus. Und das ist auch gut so.

Während die Veränderungen deiner Vulva und Vagina vor sich gehen, wirst du vielleicht eines Tages bemerken, dass in deiner Unterhose ein weißlicher oder heller Ausfluss zu sehen ist. Das sieht auf den ersten Blick eklig aus, ist aber ganz natürlich. Dieser Scheidenausfluss ist etwas ganz Normales und ein Zeichen, dass sich dein Körper verändert. Er dient dazu, dein Scheidengewebe feucht und sauber zu halten. Dieses Geschenk von deinem Körper wird dich mehrmals im Monat begleiten. An manchen Tagen bleibt der Ausfluss aus. Du wirst feststellen, dass er außerdem manchmal flüssiger, manchmal zäher ist. Solange er nicht unangenehm riecht oder eitrig aussieht, ist alles in Ordnung. Riecht er unangenehm, solltest du jemandem davon erzählen. Dann kann es sein, dass Bakterien oder Keime in die Vagina gelangt sind und sich diese entzündet hat. Auch hier besteht kein Grund zur Panik. Das kommt bei jeder Frau vor und ist mit einer Erkältung zu vergleichen. Der Arzt verschreibt dir ein Medikament. Danach wird alles schnell wieder normal.

Hilfe, Pickel! Wie mit lästigen Pickeln und Mitessern umgehen?

Mit der Pubertät kommen leider auch die Pickel und Mitesser. Vielleicht leiden Klassenkameraden oder Freundinnen schon darunter. Oder du bist davon betroffen. Zuerst sei dir gesagt: Kein Kind kommt ohne Pickel und Mitesser durch die Pubertät. Selbst deine Eltern hatten damit zu kämpfen. Nur der Zeitpunkt, wann die fiesen Dinger im Gesicht auftauchen, ist von Kind zu Kind unterschiedlich. Aber das Positive ist: Genauso überraschend, wie sie kommen, gehen sie wieder weg. Das mag an dieser Stelle wie ein Trostpflaster klingen, ist aber wirklich so.

Doch warum kommen die Pickel und Mitesser überhaupt? Und wieso haben manche Jugendliche sogar Akne in der Pubertät? Diese haben nicht, wie viele in deinem Alter glauben, mit Unreinheit zu tun. Wenn du sie im Gesicht entdeckst, bedeutet das nicht, dass du unsauber oder dreckig bist. Nein, die lästigen Pickel, Pusteln und Mitesser hast du deinen Hormonen zu verdanken. Dein Körper stellt sich um und die Hormone (vor allem das männliche Geschlechtshormon Testosteron) sind Tag und Nacht am Arbeiten. Das erhöht die Talgproduktion. Erkennen tust du das daran, dass deine Haut und Haare schnell fettig werden.

Da die Hormone so viel zu tun haben, passiert es, dass sie sich manchmal zu viel Mühe geben und zu viel produzieren oder zu wenig tun. Aufgrund dieser Hormonschwankungen kommt es dann zu einer Überproduktion von Zellen und bestimmten Funktionen. Meistens wird die Talgproduktion durch das übermäßige Arbeiten der Hormone gesteigert. Die Pickel und Mitesser treten in der Folge in Erscheinung, weil die Talgdrüsen verstopfen, wenn zu viel Talg produziert wird. Diese sitzen übrigens direkt unter der Haut. Da sie den Talg nicht über die Haut abgeben können, wenn die Drüsen verstopft sind, entstehen Entzündungen. Und das sind die Pickel, Mitesser und Pusteln. Leider sind sie keine schöne Sache. Aber du bist nicht alleine damit. Mehr als 70 Prozent der Mädchen und Jungen in deinem Alter haben mit den lästigen Dingern zu tun.

Meine Mama sagt, Schokolade sei schuld an den Pickeln

Da kannst du ihr widersprechen. Das ist nämlich falsch! Es stimmt, dass man früher geglaubt hat, Pickel, Mitesser und Pusteln würden durch Schokolade und fettiges Essen wie Chips ausgelöst.

Aber mittlerweile hat die Wissenschaft das widerlegt. Deine Ernährung hat nur bedingt Einfluss auf deine Hautprobleme während der Pubertät. Allerdings solltest du nicht zu viel essen. Denn Überernährung kann die Akne fördern. Wenn du dich zu wenig bewegst, kann es ebenfalls sein, dass es vermehrt zu Pickeln kommt. Außerdem gibt es noch einen anderen Grund, warum du an manchen Tagen plötzlich mit vielen Mitessern im Gesicht aufwachst: Stress! Hast du gerade großen Streit oder strengt dich die Schule sehr an? Dann versuche, dich zu entspannen, damit es die Pickel schwerer haben.

Was ist Akne? Und kann ich das auch bekommen? Akne ist eine nicht ansteckende Hautkrankheit, die auftaucht, wenn deine Hormone dauerhaft zu viel Talg produzieren, sodass du ständig Pickel hast und sich diese in Pusteln oder schmerzhafte Papeln verwandeln. Die Akne tritt meistens im Gesicht auf, kann aber auch am Dekolleté und am Rücken entstehen. Unter dieser starken Form von Akne leiden aber nur einige Pubertierende. Vor allem Jungs trifft es oft. Mädchen bleiben meistens von schlimmer Akne verschont. Aber sie werden an einigen Tagen im Monat, meistens ein paar Tage vor ihrer Menstruation, vermehrt mit Pickeln zu kämpfen haben.

Was tun gegen die fiesen Pickel? Wie du ihnen den Kampf ansagst

Da du nicht um die hässlichen Pickel herumkommst und diese unerwünschten Biester nicht gerade schön aussehen, möchtest du sicher wissen, ob du was tun kannst. Wie du jetzt weißt, haben diese Fieslinge nichts mit mangelnder Hygiene zu tun. Deshalb hilft übermäßiges Waschen nichts. Im Gegenteil, wenn du dir mehrmals am Tag das Gesicht reinigst, dann wird die Hautfunktion beeinträchtigt. Hier ist es ratsam, wenn du nur pH-neutrale und parfümfreie Seifen zum Waschen verwendest. Sonst kommt es in der Folge zu noch mehr Pickeln. Auch solltest du dir nicht zu viel Kosmetik wie Make-up und Ähnliches ins Gesicht streichen. Es ist verständlich, dass du die fiesen Pickel überdecken willst. Doch leider machst du damit alles noch schlimmer. Zudem solltest du mit Reiben und Druck auf der Haut aufpassen.

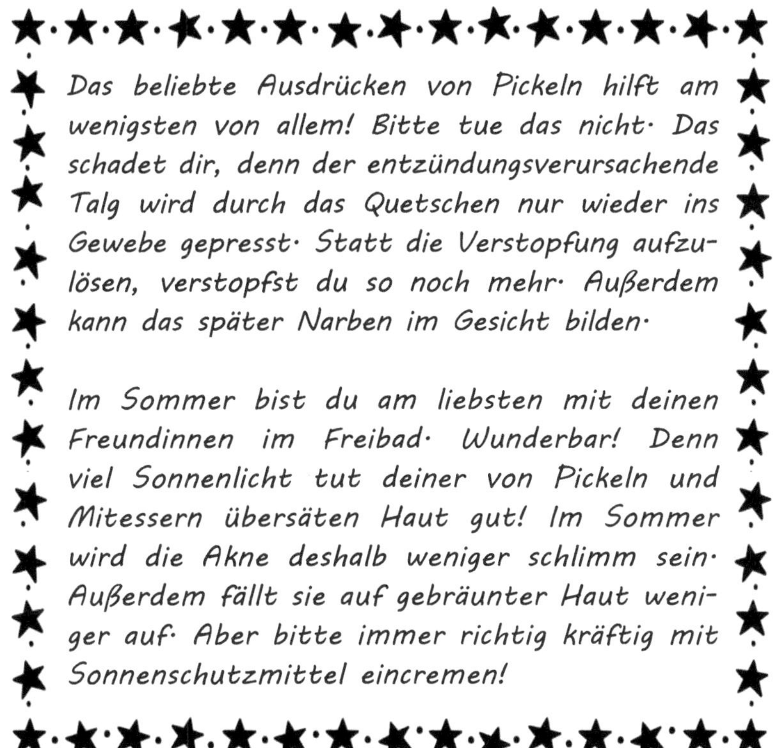

Mama, hol die Hausmittel aus dem Schrank

Es gibt zwar kein Patentrezept, das die blöden Pickel beseitigt. Aber es gibt ein paar Hausmittel, die deiner Haut definitiv nicht schaden. Zum Beispiel kannst du Vitamin-A-haltiges Gemüse und Obst zu dir nehmen! Oder du hilfst dir mit bestimmten Tees, die dein Blut reinigen. Die schmecken zwar nicht gerade toll, aber sie helfen und sind zudem super gesund. Dazu zählen: Brennnesseltee, Schachtelhalmtee, Kamillentee und Salbeitee. Wie sich herausgestellt hat, kannst du deine Akneprobleme auch mit regelmäßigen Kleiebädern und Heilerdeanwendungen in den Griff bekommen. Denn diese beiden Anwendungen ziehen den überschüssigen Talg aus der Haut, reinigen und lindern die oberflächlichen Entzündungen.

Einige Mädchen haben gute Erfahrungen mit Teebaumöl gemacht. Dieses wirkt aber erst nach und nach. Du solltest das Öl niemals unverdünnt auf das Gesicht geben, sondern immer mit Wasser oder einem Gesichtsgel verdünnt und vorsichtig auf die betroffenen Stellen auftupfen. Ansonsten kannst du deine Haut schädigen. Am besten du fragst deinen Hautarzt nach einer passenden Dosierung und lässt dir von deinen Eltern beim Auftragen helfen, damit du keine Hautirritationen bekommst.

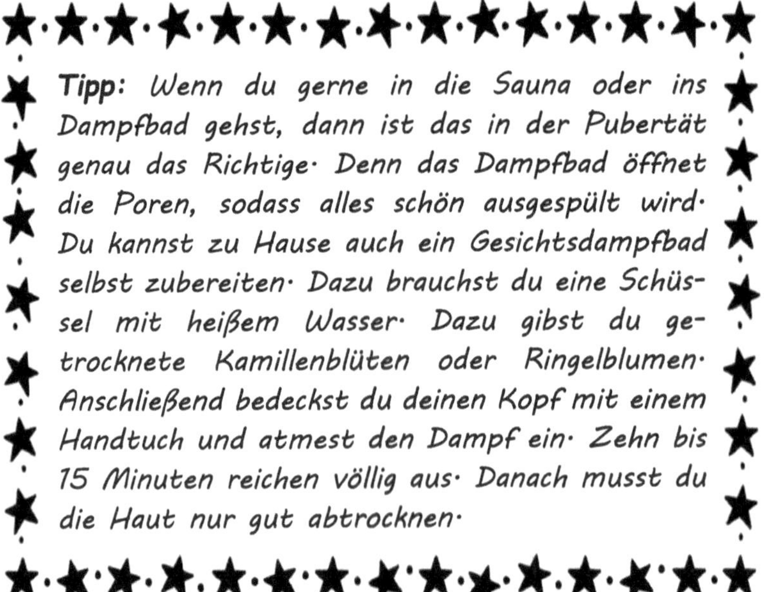

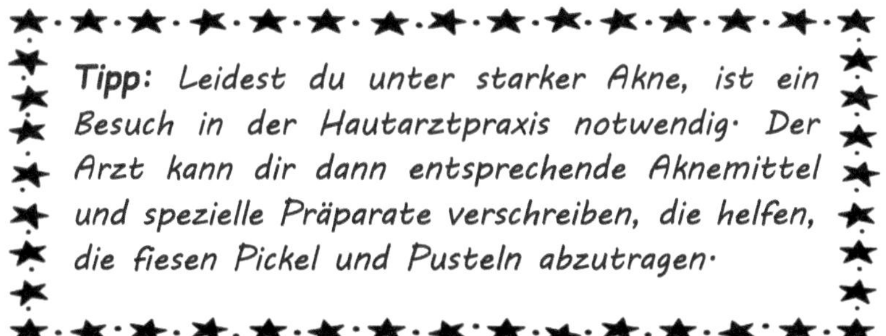

Ist es normal, dass ich mich mit Akne und den ganzen Pickeln hässlich fühle? Natürlich ist es nicht schön, sich jeden Tag im Spiegel anzusehen, wenn das Gesicht voller Pickel und Mitesser ist. Vielleicht vergleichst du dich mit einem Streuselkuchen. Aber wie dir geht es auch vielen anderen in der Pubertät. In dieser Lebensphase Pickel zu haben, ist einfach ganz normal. Dennoch ist es verständlich, wenn du darunter leidest. Vor allem, wenn du mit der ersten Liebe in Kontakt treten willst. Durch die Pickel fühlst du dich vielleicht gehemmt. Aber hast du schon einmal darüber nachgedacht, dass du dein eigenes Hautbild viel schlimmer wahrnimmst als die Personen dir gegenüber? Zumal die meisten in deinem Alter ja ähnliche Haut haben wie du. Du fragst dich dennoch, wie du mit der Akne oder den lästigen Pickeln umgehen sollst? Vor allem, wenn zum Schönheitsideal, das in den sozialen Medien wie Facebook und Instagram kursiert, makellose Haut zur Pflicht gehört? Dann beschäftige dich mal mit der Body-Positivity-Bewegung. Sie wird von jungen Mädchen und Frauen auf der ganzen Welt gelebt. Diese bekennen sich sogar öffentlich auf Instagram und Facebook zu ihrer Akne. Sie posten Bilder, um zu zeigen, dass sie mit Pickeln schön sind. Das sind sie auch ohne Frage. Und auch du bist wunderschön.

Egal, ob mit oder ohne Pickel. Vielleicht hilft dir diese Bewegung, um mehr Bewusstsein für dich zu bekommen. Und um den Druck zu verringern, den du vielleicht verspürst.

Der Körper wächst: Plötzlich habe ich breitere Hüften!

Wenn du in der Pubertät bist, wächst dein Becken. Das ist der große Knochen an deiner Hüfte. Er wächst, sodass deine Hüfte breiter wird. Du bekommst dadurch eine weibliche Form. Die Hüfte wächst nicht nur aus ästhetischen Gründen. Dein Körper bereitet sich auf das Kinderkriegen vor. Das liegt zwar noch in ferner Zukunft, doch sobald du deine erste Regel bekommst, kannst du theoretisch Kinder bekommen. Und dein Körper will dafür einfach nicht unvorbereitet sein. Zudem braucht ein Baby genug Platz in deinem Körper. Das Wachsen deines Beckens ist ein wundersamer, natürlicher Vorgang. Denn dein Becken wird während der Pubertät, so wie es dein weiblicher Körper braucht, verbreitert. Du bist als Mädchen keinem genetisch festgelegten Entwicklungsprogramm ausgeliefert. Und später im Leben, wenn die Zeit des Kinderkriegens vorbei ist, verkleinert sich dein Becken wieder.

Wenn sich dein Becken vergrößert, nimmst du automatisch an Po, Hüfte und Oberschenkeln etwas zu. Der Körper lagert dort Fettreserven an, die du für deine Gesundheit brauchst. Die Rundungen lassen erkennen, dass du eine Taille hast. Wenn du dich in der Wachstumsphase möglicherweise zu dick findest, weil die Hüfte schon in die Breite gegangen ist, aber deine Beine, Arme und Brüste noch nicht mitgewachsen sind, denk daran: Du bist noch in der Entwicklung und auf dem Weg dahin, eine attraktive Frau zu werden. Bei manchen Mädchen vergrößert sich die Hüfte schon mit neun oder zehn Jahren. Deshalb bist du nicht übergewichtig!

Stell dich also nicht kritisch vor den Spiegel und denke, dass da gar nichts stimmt. Du bist einfach noch nicht ausgewachsen. Da passiert noch viel und alles wird mit jedem Tag immer besser zusammenpassen. Dass das dazu führt, dass du mehr wiegst, ist selbstverständlich. Eine Gewichtszunahme ist ganz natürlich, das braucht dich nicht zu verunsichern!

Ist es normal, dass mir mein Körper wehtut? Ja, wenn du dich in der Pubertät befindest, kann es zu Wachstumsschmerzen kommen. Die Schmerzen treten meistens an verschiedenen Körperstellen und Körperteilen auf. Vor allem aber an den Beinen, Knien und Unterschenkeln. Sie treten meistens abends oder nachts auf. Deine Eltern können die schmerzenden Stellen mit Salben einreiben und massieren. Oder du nimmst eine Wärmflasche mit ins Bett. Da Brüste, Po und Hüfte unterschiedlich schnell wachsen, können deine Bewegungen manchmal etwas linkisch sein.

- Dein Körper verändert während der Pubertät ständig seine Proportionen. Und er wächst an verschiedenen Körperstellen unterschiedlich schnell. In der Wachstumsphase ist es deshalb normal, wenn dein Körpergewicht stark schwankt.

- Wenn du Hunger hast, dann iss. Dein Körper braucht in dieser Phase viel Energie. Falls dir deine Figur zwischenzeitlich nicht gefällt, denke daran, dass diese nach und nach harmonischer wird.

Das ist mir alles peinlich! Ich will diese Veränderungen nicht!

Einerseits bist du neugierig, was in deinem Körper vor sich geht, andererseits findest du das Thema Pubertät, Monatsblutung und Sexualität peinlich. Dir ist es unangenehm, über die Veränderungen deines Körpers nachzudenken. Auch möchtest du dich nicht unbedingt nackt zeigen. Vielleicht lösen die körperlichen Veränderungen in dir das Bedürfnis aus, dich in dein Zimmer zurückzuziehen. Das ist völlig in Ordnung. Wenn dir danach ist, hast du das Recht auf Rückzug. Du bist in einer Phase, in der du langsam selbst entscheiden darfst, wann du allein sein möchtest. Und dass dir Dinge peinlich sind, ist ganz normal. Das gehört zum Erwachsenwerden dazu. Die Abgrenzung von deinen Eltern ist sogar ein notwendiger Prozess, um deine eigene Identität zu formen.

Schreibe deine Gedanken und die Situationen, die du peinlich findest, in ein Tagebuch nieder. Sprich auch mit deinen Eltern darüber, was du beschämend findest: zum Beispiel, dass sie ins Bad oder Zimmer platzen, ohne anzuklopfen, oder dass sie im Beisein von Freunden und Verwandten Bemerkungen über dich und dein Aussehen machen. Vielleicht ist die Zeit gekommen, in der du nicht mehr vor Freunden von den Eltern geküsst oder über den Kopf gestreichelt werden willst. Kommuniziere das offen mit ihnen. Sie werden dich verstehen. Und wenn es mal nicht klappt, dann denke immer daran, dass du mit dem Gefühl nicht alleine bist.

Ein Küken wird flügge – Verständnis für die Eltern muss dennoch sein!

So wie dir geht es tausend anderen Mädchen und Jungen. Sie alle verdrehen die Augen oder schlagen sich die Hand vor den Kopf, wenn die Eltern mal wieder etwas Peinliches gemacht haben oder peinlich aussehen. Genau wie du möchten sie nicht mehr mit ihren Eltern gleichgesetzt werden. Dennoch solltest du ab und zu Verständnis für deine Eltern haben. Manchmal sind sie mit der Situation überfordert. Denn sie bemerken, dass du langsam erwachsen wirst, und das macht sie vielleicht traurig. Vor allem, wenn du in Ruhe gelassen werden willst. Wie gesagt, du kannst deinen Eltern erklären, was du peinlich findest und welches Verhalten du dir von ihnen stattdessen wünschst. Und wenn dich deine Eltern nicht verstehen, befrage sie einfach zu ihren eigenen peinlichen Erlebnissen in der Pubertät. Daran werden sie sich bestimmt erinnern.

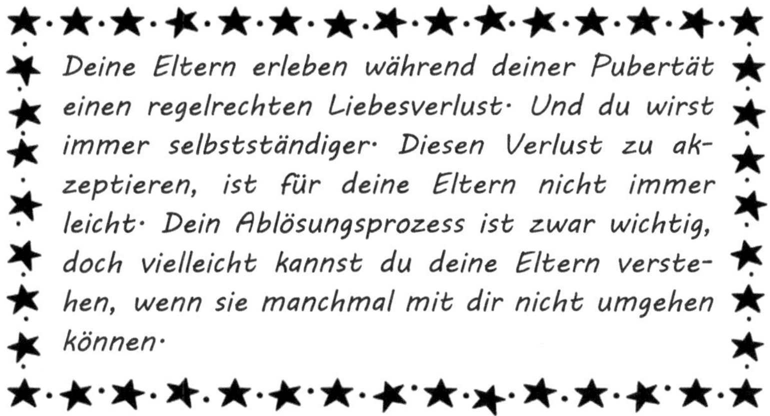

Deine Eltern erleben während deiner Pubertät einen regelrechten Liebesverlust. Und du wirst immer selbstständiger. Diesen Verlust zu akzeptieren, ist für deine Eltern nicht immer leicht. Dein Ablösungsprozess ist zwar wichtig, doch vielleicht kannst du deine Eltern verstehen, wenn sie manchmal mit dir nicht umgehen können.

Was ist Fremdschämen? Du kennst den Begriff sicher schon, aber du weißt nicht genau, was gemeint ist? Fremdschämen fühlt sich so an, als würdest du bloßgestellt werden. Du schämst dich für deine Eltern, Freunde und Verwandten, wie sie aussehen und wie sie sich verhalten, und du denkst, dass fremde Menschen dich mit diesen Menschen vergleichen. Das nennt man Fremdschämen. Wusstest du, dass sich das Gefühl des Fremdschämens bereits als Baby bei dir entwickelt hat? Und zwar aufgrund deiner Scham, die du als Baby und Kleinkind gefühlt hast.

Die beste Ernährung in der Pubertät: Ja, auch Chips darfst du essen!

In der Pubertät, aber auch generell in deinem Leben, ist es sinnvoll, wenn du dich gesund ernährst. Zwar wird dir das Thema Ernährung vielleicht gerade nicht wichtig erscheinen. Oder du rollst mit den Augen, wenn du das jetzt liest. Denn die Worte deiner Eltern klingen dir in den Ohren: „Kind, du musst mehr Vitamine essen, du musst groß und stark werden, iss den Spinat!" Die Tatsache ist, in der Pubertät braucht dein Körper reichlich Energie, um die ganzen Veränderungen im Körper voranzubringen. Eine ausgeglichene Ernährung mit vielen Vitaminen, Mineralien und Nährstoffen ist deshalb wichtig.

Das bedeutet nicht, dass du auf Chips und Schokolade verzichten musst. Du solltest nur ein bisschen darauf achten, was du jeden Tag isst und trinkst. Vor allem zu viel Zucker schadet dir. Cola, Limo und andere Süßgetränke sollten deshalb nicht dein Hauptgetränk sein. Besser ist Wasser. Wenn du kein reines Wasser magst, kannst du dieses mit Beeren versüßen oder ihm mit einer ausgepressten Zitrone Geschmack verleihen. Auch Tee und frisch gepresste Säfte sind gesund.

Beim Essen solltest du nicht so sehr ins Detail gehen. Hier reicht es, wenn du darauf achtest, dass du jeden Tag zwei bis drei Portionen Obst und ein bis zwei Portionen Gemüse zu dir nimmst.

Bei Brot und Nudeln sind die Vollkornvarianten gesünder und nachhaltiger als die Weißmehl-Produkte. Sprich, statt Baguette und Toastbrot ist es besser, ein Vollkornbrötchen zu essen. Du musst dich natürlich nicht strikt daran halten. Bei der gesunden Ernährung geht es nicht darum, dich zu zwingen, jeden Tag nur das zu essen, was gut für dich ist. Es geht vielmehr darum, dass du dich ein bisschen – am besten mit deinen Eltern zusammen – mit Ernährung beschäftigst und Achtsamkeit entwickelst.

Wenn du weißt, dass Eier, Fisch, Linsen, und Kartoffeln zu den guten Lebensmitteln zählen und fettiges Fleisch, Pommes, Burger und Nudeln dagegen zu den schlechten, ist das ausreichend. Natürlich musst du nicht komplett auf Leckereien verzichten. Ab und zu ist es völlig in Ordnung, Pommes, Burger, Schokolade oder Chips zu essen.

Iss nicht aus Langeweile. Wenn dir langweilig ist, öffnest du vielleicht den Kühlschrank oder das Naschfach. Mal sehen, was ich da finde, denkst du dir. Aber diese Angewohnheit ist nicht unbedingt gesund. Achte darauf, dass du dich mit etwas anderem beschäftigst, wenn dir langweilig ist. Außerdem sollten zwischen deinen Mahlzeiten etwa vier Stunden liegen. Nur so kann dein Körper das Essen optimal verarbeiten und verdauen. Nutze die Zeit des Mittag- und Abendessens, um dich satt zu essen. So entsteht bei Langeweile erst gar nicht die Lust, etwas aus dem Kühlschrank oder Naschfach zu stibitzen. Damit du zwischendurch weniger Hunger hast, hilft es, dich beim Essen in Ruhe hinzusetzen und das Essen langsam zu verspeisen. Genieße diesen Moment. Am besten in Gesellschaft deiner Familie. Wenn du das Essen herunterschlingst oder vor dem Fernseher oder Laptop isst, merkst du nicht, ob du schon satt bist, und isst mehr, als du eigentlich benötigst. Das kann auf Dauer dazu führen, dass du an Gewicht zunimmst.

- **Das Dortmunder Forschungsinstitut**, das sich viel mit Kinderernährung beschäftigt, rät dazu, in der Pubertät reichlich kalorienfreie oder kalorienarme Getränke und viele pflanzliche Lebensmittel wie Gemüse, Obst, Getreideerzeugnisse und Kartoffeln zu verzehren. Auch Milch, Milchprodukte und Eier sind wichtig. Bei Fleisch, Wurst und Lebensmitteln mit viel Zucker und Fett solltest du sparsam sein.

- **Wichtige Mineralstoffe in der Pubertät:** Kalzium, Eisen und Zink sind Nährstoffe, die du ganz dringend für dein Wachstum benötigst. Der Kalziumbedarf ist besonders hoch, da du dieses für den Knochenaufbau und die Skelettmasse brauchst. Gute Quellen sind: Milch und Milchprodukte. Als Mädchen musst du zudem darauf achten, ausreichend Eisen zu dir zu nehmen. Vor allem, wenn du bereits deine Menstruation hast. Denn, wenn du Blut verlierst, geht auch Eisen verloren. Das musst du dem Körper dann wieder über die Nahrung zuführen. Optimale Lebensmittel dafür sind Fleisch und Fisch. Bist du Vegetarierin solltest du Bohnen, Wirsing und Spinat essen.

Bitte keine Diät – auch wenn deine Freundinnen dich dazu ermutigen

In diesem kurzen Abschnitt soll ein ernstes Thema angesprochen werden. Diäten während der Pubertät sind schädlich. Auch, wenn du dich nicht wohl in deiner Haut fühlst oder deine Freundinnen abnehmen wollen und dich ebenfalls dazu animieren möchten: Sag Nein! Und selbst, wenn du vorübergehend mollig oder pummelig wirkst, dein Körper verändert sich noch und eine kurzfristige Gewichtszunahme ist normal. **Bedenke:** Wenn du über längere Zeit nichts oder nur sehr wenig isst, dann bekommst du eine Essstörung. Hungern, um abzunehmen, ist keine Lösung. Auch, wenn du manchmal eine anstrengende, konfliktreiche Zeit durchmachst und du Angst hast, zu dick zu sein oder zuzunehmen, verzichte bitte nicht auf das Essen.

Zum einen hast du in dieser Phase eine verzerrte Wahrnehmung von dir und glaubst, dick zu sein, obwohl du es nicht bist. Zum anderen entsteht schnell ein Teufelskreis. Der Verzicht auf Essen oder eine kurze Diät geben dir vorübergehend ein Gefühl von Kontrolle, Aufmerksamkeit und Erfolg. Du erlebst das Hungern zuerst als etwas Positives. Doch nichts Positives passiert wirklich: Du zerstörst dein Sättigungsgefühl, dir fehlt wichtige Energie, deine Stimmung fängt an zu leiden, zusätzlich kannst du eine Depression bekommen.

Schlanksein ist kein Garant für Erfolg und Popularität. Das Abnehmen schadet deiner Gesundheit. Viele Mädchen in deinem Alter leiden unter Magersucht und hungern sich sprichwörtlich zu Tode. Solltest du das Gefühl haben, eine Essstörung zu haben, ist es wichtig, dass du dir frühzeitig Hilfe suchst.

HILFE, MENSTRUATION
alles, was du über die Regelblutung wissen musst

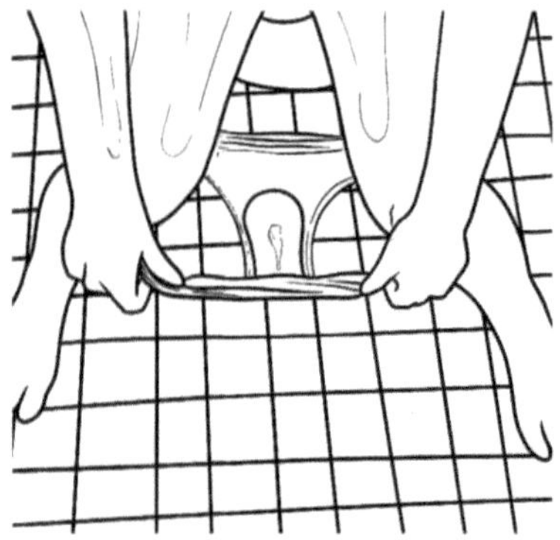

**Das erste Menstruationsblut kann erschrecken.
Aber kein Grund zur Panik! Wir erklären dir,
worauf du achten musst!**

Kleines Pubertätslexikon:

Menstruation = die monatliche Blutung, auch Regel, Tage oder Periode genannt
Zyklus = Kreislauf, der sich wiederholt, von einer Blutung zur nächsten
Ovulation = Eisprung
Scheidenflora = das sind die für eine gesunde Scheide wichtigen guten Bakterien; diese sind nicht schädlich, auch sind sie keine Krankheitserreger, sondern nützliche Helfer
Gynäkologe = anderes Wort für Frauenarzt
Spekulum = Scheidenspiegel; ein Instrument, mit dem der Frauenarzt die Scheide untersucht

Du weißt, dass sie kommen wird: die Menstruation. Wenn dann tatsächlich eines Tages Blut in deiner Unterhose ist, ist das dennoch überraschend gewöhnungsbedürftig. Die Menstruation, auch Periode oder Regel genannt, taucht bei dir irgendwann zwischen elf und 16 Jahren das erste Mal auf. Die erste Blutung stellt für die Medizin etwas Besonderes dar, sodass es für sie einen eigenen Begriff gibt: Menarche.

Sobald du deine erste Menstruation hast, bist du zeugungsfähig und kannst theoretisch Kinder bekommen. Auch hast du dich zu diesem Zeitpunkt biologisch gesehen in eine Frau verwandelt. Für dich beginnt nun die fruchtbare Phase. Deine Gebärmutter ist ab diesem Zeitpunkt bereit, eine befruchtete Eizelle zu empfangen und sie gegebenenfalls zu einem Kind heranwachsen zu lassen.

Nun aber zurück zur Regel, den Tagen, der Menstruation, oder wie auch immer du deine monatliche Blutung bezeichnen möchtest. Was passiert in deinem Körper genau, wenn sie auftritt? Und kündigt sie sich vorher an? Wie kannst du dich mit ihr anfreunden? Denn die Menstruation wird dich über viele Jahrzehnte Monat für Monat begleiten.

Die erste Periode: Was passiert im Körper?

Während der Pubertät wachsen deine Vagina und die Gebärmutter. Sobald diese ausgewachsen sind, bekommst du deine erste Menstruation. Dir mag die erste Monatsblutung am Anfang fremd vorkommen. Deshalb ist nun, wie für deine Mutter und Oma vor dir, der Zeitpunkt gekommen, dich mit der Periode zu beschäftigen. Je besser du vorbereitet bist, umso besser wirst du dich mit deiner Menstruation anfreunden.

In den meisten Fällen kündigt sich die erste Regelblutung etwa ein halbes Jahr vorher durch einen Ausfluss in der Unterhose an. Dieser Weißfluss, der eine glasig oder leicht weißliche Farbe hat, ist ein natürlicher Scheidenausfluss.

Wenn du ihn bereits kennst, dann weißt du, dass es nicht mehr lange dauert, bis deine Periode das erste Mal auftritt.

Ist sie dann da, freust du dich vielleicht. Oder du bist unsicher. Denn selbst für dich als aufgeklärtes Mädchen mag es beängstigend sein, wenn viel Blut aus der Scheide fließt. Bitte deine Mutter oder eine andere weibliche Vertrauensperson, in dieser Phase für dich da zu sein. Bei den ersten Regelblutungen wirst du womöglich sehr sensibel sein. Da sind Zuneigung und Verständnis einer älteren Frau (deiner Mutter, Oma, Tante), die dich vollkommen versteht und deine Situation ebenfalls durchgemacht hat, hilfreich. Halte diesen Umstand also nicht geheim.

- Die Menstruation ist ein natürliches Geschenk deines Körpers. Sie zeigt dir, dass mit dir als Frau alles in Ordnung ist. Und sie ist ein Zeichen von Fruchtbarkeit! Du wirst deine Tage rund 500-mal im Leben bekommen. Das entspricht in etwa 41 Jahren.

Der Zyklus – alles wiederholt sich! Auch bei der Regel!

Die Zeit, die zwischen deinen monatlichen Blutungen liegt, wird als Zyklus bezeichnet. Dieser zeigt dir, wie viele Tage vergehen müssen, bis du wieder die nächste Periode bekommst. Bei den meisten Frauen beträgt der Zyklus etwa 28 Tage. Es kann aber auch länger oder kürzer dauern. Das ist von Mädchen zu Mädchen unterschiedlich.

In den ersten Monaten wird dein Zyklus noch nicht regelmäßig sein. So kann es sein, dass du zwischendurch einmal zwei Monate keine Blutung hast. Bis sich der Zyklus eingespielt hat, vergehen oft mehrere Monate. Bei manchen Mädchen dauert es ein Jahr, bis sie die Tage regelmäßig und immer zum gleichen Zeitpunkt bekommen.

- Die Menstruation kannst du mit zwölf Jahren oder erst mit 15 Jahren bekommen. Sorgen musst du dir keine machen. Die erste Blutung kann sich sogar bis zum 16. Lebensjahr oder länger hinauszögern.

- Wenn du schon deine Menstruation hast, sind Schwankungen des Zyklus nichts Beunruhigendes. Sollte deine Regel aber mehr als drei Monate ausbleiben, solltest du einen Frauenarzt aufsuchen. Dann könnt es sein, dass du schwanger bist oder etwas nicht in Ordnung ist.

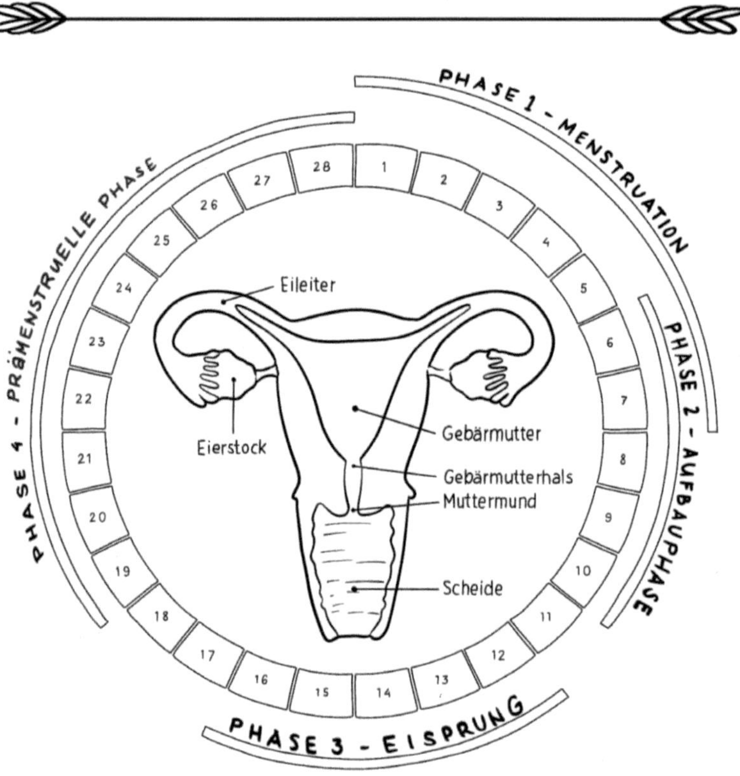

Wie du in der Grafik sehen kannst, besteht dein Sexualorgan aus der Gebärmutter, dem Gebärmutterhals, dem Muttermund, der Vagina, den Eierstöcken und dem Eileiter. Jeden Monat lassen deine Eierstöcke ein neues Ei heranreifen, das über die Eileiter in die Gebärmutter gelangt. Dort verbleibt es einige Tage und wartet auf die Befruchtung. Kommt es zu keiner Befruchtung, stößt die Gebärmutter das Ei ab. Dieses wird dann zusammen mit Gewebe *aus dem Körper geschwemmt, das nennt man Menstruation. Keine Angst, es handelt sich um kein großes Ei. Dieses ist so winzig, dass du es nicht mit bloßen Augen sehen kannst.*

Jetzt erklären wir dir ein bisschen ausführlicher, wie der Zyklus aufgebaut ist, damit du verstehst, was Monat für Monat aufs Neue in deinem Körper passiert. Die Menstruationsphase, sprich dein Zyklus, unterteilt sich in vier verschiedene Phasen.

Die erste Phase beginnt ab dem ersten Tag der Blutung. Hier werden die Tage gezählt, die du blutest. Während dieser Zeit verlierst du rund 60 Milliliter Blut. Die Schleimhaut aus der Gebärmutter wird abgebaut. Deshalb ist das Blut nicht wie am Finger oder anderswo am Körper hellrot und flüssig, sondern mit Verdickungen versehen.

Da der Prozess der Monatsblutung für deinen Körper anstrengend ist, hast du vielleicht das Bedürfnis, dich auf dein Zimmer zurückzuziehen, um in Ruhe zu entspannen. Das ist völlig in Ordnung. Manchmal kann es während der Regel zu Schmerzen und Krämpfen kommen. Diese sind mal schlimmer, mal eher leicht.

Die zweite Phase startet, sobald die Blutung vorbei ist. Sie erstreckt sich bis zu dem Zeitpunkt der Ovulation, sprich dem Eisprung. In dieser Zeit beginnt der Eireifungsprozess. Die Hormone in deinem Körper bewirken, dass sich die Gebärmutterschleimhaut erneut aufbaut.

In der dritten Phase wird das Ei vom Eierstock in den Eileiter ausgestoßen. Wenn du in dich hineinfühlst, kannst du den Eisprung sogar manchmal spüren. In diesem Moment fühlst du dich sicher, stark und sehr präsent. Du glühst förmlich und versprühst viel Energie.

Rund zehn bis 14 Tage nach dem Eisprung kommt es zur nächsten Regelblutung. Da sich in der Zwischenzeit kein Ei eingenistet hat und befruchtet wurde, werden die Schichten der Gebärmutterschleimhaut abgebaut.

Die vierte Phase ist die prämenstruelle Phase. Wenn keine Befruchtung stattgefunden hat, geht das Ei kaputt und wird zum Zeitpunkt der Menstruation zusammen mit der Gebärmutterschleimhaut aus dem Körper geleitet. In dieser Phase, kurz vor der Periode, leiden viele Mädchen unter Stimmungsschwankungen. Sie sind ein bekanntes Phänomen. Ärzte bezeichnen es als PMS, prämenstruelles Syndrom. Akzeptiere dich in dieser Phase, auch wenn du manchmal etwas zickig rüberkommen solltest, bekämpfe deine Launen nicht.

Aua! Ich habe starke Regelschmerzen!

Was kann ich gegen Regelschmerzen tun? Viele Frauen und Mädchen leiden in den ersten beiden Tagen der Menstruation unter starken Regelschmerzen. Wenn du darunter leidest, ist das nicht schön. Leider gibt es wenig Hilfsmittel. Vor allem, wenn du nicht immer auf Schmerztabletten zurückgreifen willst. Dennoch gibt es einige Tricks, die helfen: Spezielle Yogaübungen während der Periode können Schmerzen und Krämpfe lockern. Auch eine Wärmflasche auf dem Bauch sowie krampflösende Tees lindern die Beschwerden. Gesunde Ernährung, vor allem in den letzten Tagen vor der Menstruation, kann die Schmerzen ebenfalls abschwächen. Einige Mädchen schwören auf ein heißes Bad mit Lavendelöl. Dieses Öl verbessert das Wohlbefinden und entspannt. Auch andere Heilkräuter kannst du ausprobieren. Sport kannst du zwar in den ersten Tagen machen. Du solltest dich aber nicht verausgaben. Grundsätzlich kann dir Bewegung wie ein Spaziergang an der frischen Luft Linderung verschaffen. Wenn die Krämpfe im Unterbauch aber sehr schlimm sind, solltest du zum Frauenarzt gehen. Denn bei extremen Schmerzen kann eine chronische Krankheit dahinterstecken. Diese nennt sich Endometriose. Rund jedes zehnte Mädchen ist davon betroffen. In diesem Fall wird die Ärztin dir ein Medikament verschreiben.

Binde, Tampon, Menstruationscup – was soll ich verwenden?

Was für dich die passende Monatshygiene ist, das ist eine Entscheidung, die ganz alleine bei dir liegt. Selbst, wenn deine Mutter den Tampon oder die Binde für das beste Mittel hält, du musst sie nicht nutzen. Zumal die Tamponnutzung einiges an Übung bedarf und am Anfang möglicherweise nicht das Richtige ist. Denn du musst dir den Tampon in die Vagina einführen und ihn später wieder herausziehen. Das mag dich womöglich ängstigen.

Optionen, bei denen du nichts in die Vagina einführen musst

Die klassische Binde ist der am meisten verwendete Hygieneartikel. Diese kannst du einfach in deine Unterhose kleben. Wenn sie sich vollgesaugt hat, musst du die Binde nur wechseln. Vielen Mädchen gibt diese Optionen am Anfang ein sicheres Gefühl. Das Tolle ist, dass es verschiedene Binden gibt, die sich nach der Stärke deiner Blutung richten. Für die ersten Tage kannst du saugstarke und dicke Binden auswählen. Die restlichen Tage reicht vielleicht eine leichte Binde oder eine Slipeinlage (super dünne Binde) aus.

Wenn du nachts eine Binde trägst, ist es sinnvoll, eine Option mit Flügeln zu nutzen, so geht beim Schlafen nichts daneben. Lass dich vor dem Kauf von deinen Freundinnen beraten, welche Marke und Bindenstärke sie verwenden. Sie können dir sicher ein paar Exemplare empfehlen.

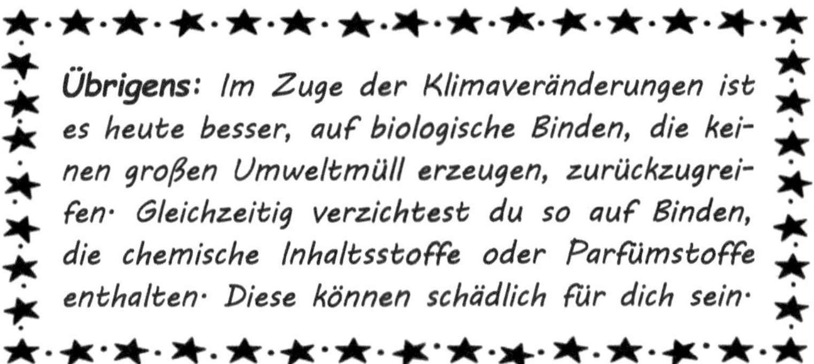

Und da wären wir gleich bei der zweiten Option, der sogenannten **Periodenunterwäsche**. Viele Mädchen lieben sie. Die Menstruationsslips, auch als „Period Panty" bekannt, sind spezielle, auswaschbare Unterhosen, die bereits eine Binde enthalten. Sie bestehen aus mehreren Lagen und können die Flüssigkeit deiner Periode problemlos aufsaugen. Das Tolle ist, dass du diese nicht alle paar Stunden wechseln musst. Zum Teil kannst du sie einen ganzen Tag lang tragen. Danach wäschst du sie mit der Hand kurz aus und gibst sie in die Waschmaschine. Die Menstruationsunterhosen kannst du über viele Monate oder sogar Jahre verwenden. Sie sind ökologisch und praktisch! Zudem sparen sie viel Geld ein. Mittlerweile gibt es mehrere Hersteller, die Periodenunterwäsche mit eingebauter Binde anbieten.

Hygieneartikel für das Innere der Vagina

Tampons gibt es in verschiedenen Größen und für unterschiedlich starke Blutungen. Da du aber noch im Wachstum bist, solltest du eher kleinere Tampons verwenden und die XXL-Version erst später im Leben nutzen. Die kleinen Tampons sind zudem leichter einzuführen. Denke daran, dass der Faden draußen bleibt. Denn mit ihm ziehst du den Tampon wieder heraus. Nutze den Tampon außerdem nur für die ersten Tage mit starker Blutung. An den restlichen Tagen ist die Vagina meistens schon sehr trocken. Dann tut das Einführen oft weh. Wenn du dir unsicher bist, wie du den Tampon verwenden sollst, berate dich mit deiner Mutter oder besten Freundin. Sie können dir zeigen, wie es geht. Wenn du dich schämst, kannst du statt eines Gesprächs den Beipackzettel aus der Tamponverpackung durchlesen. Viele Hersteller erklären ganz ausführlich und in Bildern, wie ein Tampon korrekt eingeführt wird.

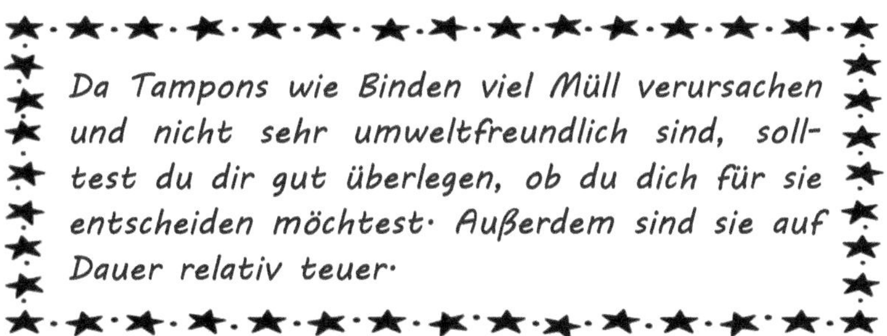

Eine alternative Option sind die **Menstruationstassen**. Wie die Periodenunterwäsche lassen sich diese mehrfach über viele Monate oder Jahre hinweg verwenden. Sie sind extrem umweltfreundlich und preisgünstig. Zudem produzieren sie viel weniger Müll. Du kannst sie ganz leicht reinigen und danach problemlos wieder einführen. Wie beim Tampon erfordert die Anwendung ein wenig Übung. Zudem gibt es die Tassen in verschiedenen Größen. Schau dich doch mal auf der Seite www.tassenfinder.de um. Dort kannst du dich beraten lassen, wie die Menstruationstasse funktioniert und welche Option am besten zu dir passt.

Menstruationsschwämme sind ein weiteres Utensil zum Auffangen der Regelblutung. Sie funktionieren ähnlich wie ein Tampon und gehören zu den umweltfreundlichen Alternativen. Wie die Menstruationstassen sind sie um einiges günstiger. Ein weiterer Vorteil der Menstruationsschwämme ist, dass sie zu 100 Prozent natürlich sind und die Vagina nicht austrocknen. Die Schwämme lassen sich mehrfach verwenden. Du kannst sie nach dem Benutzen auswaschen und nach jeder Menstruation in Wasser auskochen. Erhältlich sind die Menstruationsschwämme derzeit ausschließlich im Internet. Damit du hier kein falsches Produkt bestellst, solltest du dich zuvor informieren, welche Schwämme hochwertig sind. Ein gutes Portal dafür ist: https://www.medmeister.de/menstruationsschwamm-test/

Wann weiß ich, ob ich Binde, Tampon & Co. wechseln muss? Ist der Zeitpunkt zum Wechseln gekommen, spürst du das meistens. In den ersten Monaten kann aber mal was daneben gehen. Das ist normal. Bei der Binde siehst du zwar, wann diese vollgelaufen ist, aber nicht immer bemerkst du das rechtzeitig. Bei den Tampons, Tassen und Schwämmen musst du erspüren, wann der Zeitpunkt zum Wechseln da ist. Denn da kannst du nichts sehen. Spätestens, wenn der Tampon, Schwamm oder die Tasse voll sind, merkst du, dass plötzlich Tropfen aus der Scheide laufen. Dann solltest du schnell aufs Klo rennen, bevor die Unterhose rot wird. Ist sie das doch einmal, dann ärgere dich nicht. Du brauchst einfach nur ein bisschen Übung und Feingefühl. Mit der Zeit hast du den Dreh raus. Übrigens, in den ersten ein bis zwei Tagen wirst du deutlich mehr Blut verlieren als in den letzten Tagen deiner Menstruation. Sprich, du musst in den letzten Tagen weniger wechseln, weil immer weniger Blut rauskommt.

Was sind Zwischenblutungen? Mach dir keine Gedanken, wenn du in den ersten Monaten deiner Periode auch zwischendurch mal Blutungen hast. Diese Schmierblutungen beziehungsweise Zwischenblutungen sind am Anfang normal. In der Pubertät muss sich dein Körper erst auf die Hormone einstellen und deshalb kann es häufig zu Zwischenblutungen kommen. Die meisten Mädchen leiden in den ersten zwei Jahren unter ihnen.

Tipp: Am Anfang, wenn du noch nicht so viel Erfahrung hast und dein Gefühl dir noch nicht so richtig sagt, wie es am besten funktioniert, kannst du Tampon, Schwamm oder Menstruationstasse mit Binde oder Slipeinlage kombinieren. So vermeidest du Blutflecken in der Unterhose. Grundsätzlich solltest du keinen Hygieneartikel länger als sechs bis acht Stunden in der Vagina lassen, da sich sonst zu viele Keime bilden und dadurch eine gefährliche Infektion entstehen kann!

Hygiene und Intimpflege: Waschen, was das Zeug hält?

Intimpflege ist ein Thema, dass dir möglicherweise noch unbekannt ist. Auch kannst du dir nicht wirklich vorstellen, was damit gemeint ist. Geht es darum, dich einzucremen? Und wie solltest du dich pflegen? Mit dem Wort Intimpflege ist nichts anderes als die richtige Reinigung deines Intimbereichs gemeint. Dies ist für deine Gesundheit wichtig.

Damit du es richtig machst, solltest du unter der Dusche oder beim Waschen mit dem Waschlappen nur die äußeren Vulvalippen säubern und nicht das Scheideninnere. Vor allem darf keine Seife oder Shampoo ins Innere gelangen. Das kann brennen und den natürlichen Schutzbelag, der dich vor Bakterien und Keimen schützt, zerstören. Neben der Vulva gehört der Po anständig gereinigt. Hier kannst du die Pobacken behutsam mit der Hand auseinanderziehen und dazwischen mit warmem Wasser oder einer milden Seife säubern.

Obwohl du vielleicht denkst, dass du während deiner Periode exzessiv waschen solltest, ist eher das Gegenteil angesagt. Zurückhaltung ist das Stichwort. Meistens reicht bei der Intimpflege warmes Wasser völlig aus.

- Verzichte beim Waschen im Intimbereich auf parfümierte oder chemische Seifen. Sie zerstören auf Dauer deine natürliche Scheidenflora. Deine Eltern wissen, welche Seifen am besten sind.

- Ein Zeichen, dass du es mit dem Waschen übertrieben hast, ist, wenn deine Vagina anfängt zu jucken oder unangenehm riecht.

Achtsam solltest du beim Abwischen auf der Toilette sein, damit keine Bakterien aus dem Darm in die Vagina gelangen. Deshalb bitte immer nur nach hinten den Po abwischen.

Übrigens, Unterwäsche aus Baumwolle ist atmungsaktiv und kann Schweiß besser aufnehmen. Sie hält deine Scheide sauber. Leider gilt Unterwäsche aus Baumwolle oft als unattraktiv. Doch das ist nur ein großes Vorurteil. Zumal es Baumwollwäsche in verschiedenen Ausführungen gibt. Und natürlich kannst du einen Tanga aus Baumwolle tragen.

Das erste Mal bei der Frauenärztin!

Der Besuch beim Frauenarzt/bei der Frauenärztin ist nicht schlimm!

Wann solltest du das erste Mal zur Frauenärztin gehen? Und was wird untersucht? Kannst du dich davor drücken? Ist es dir unangenehm, darüber nachzudenken? Vielleicht hast du von deinen Freundinnen Beängstigendes über den Besuch beim Frauenarzt gehört. Mach dir keine Sorgen. Die Untersuchung, die Teil deiner Gesundheitsvorsorge ist, muss dich nicht ängstigen. Sie ist wichtig für dich und deinen Körper. Sicher, die Untersuchung kann unangenehm sein. Aber sie ist bei weitem weniger schlimm, als du dir das vorstellen magst. Falls du dennoch Angst haben solltest, sprich mit der Ärztin, damit sie daraufhin ganz besonders einfühlsam mit dir umgeht.

Wann ist der Zeitpunkt gekommen, zur Frauenärztin zu gehen?

Du darfst bestimmen, wann für dich der Moment gekommen ist, um zur Frauenärztin zu gehen. Wenn du keine Probleme mit deiner Menstruation hast und nicht unter starken Unterleibsschmerzen leidest, musst du nicht direkt, nachdem deine Periode das erste Mal gekommen ist, zur Frauenärztin gehen. Ebenso ist es nicht nötig, zur gleichen Frauenärztin zu gehen wie deine Mutter. Du kannst dir eigenständig eine Ärztin deines Vertrauens suchen.

Aber wann ergibt es Sinn, zum Gynäkologen zu gehen? Eine erste gynäkologische Untersuchung ist sinnvoll, wenn du das Bedürfnis hast, mit jemanden über deine Sexualität oder Verhütung zu sprechen. Wenn du mehr über deine körperlichen Veränderungen erfahren möchtest, ist der Weg zur Frauenärztin ebenfalls ratsam. Es kann aber auch sein, dass du mit einer Frau über deine Periode und Pubertät sprechen möchtest, die nicht deine Mutter ist. So vermeidest du ein intimes Gespräch mit deinen Eltern. Deine Mutter sollte dir hier den nötigen Freiraum geben.

Worauf muss ich beim Frauenarztbesuch achten?

- Beim ersten Frauenarztbesuch solltest du darauf achten, dass du nicht gerade deine Regelblutung hast.

- Zudem ist es hilfreich, wenn du dir Fragen aufschreibst, die du der Frauenärztin stellen möchtest.

- Damit die Untersuchung entspannter für dich ist, trägst du am besten ein langes T-Shirt oder einen Rock. So fühlst du dich nicht so nackt, wenn du untenrum untersucht wirst. Das T-Shirt oder den Rock darfst du nämlich anbehalten.

- Möchtest du vor deinem 15. Geburtstag zum Frauenarzt, dann musst du deine Eltern darüber informieren. Deine Mutter muss dann dabei sein. Sobald du 15 Jahre alt bist, kannst du alleine zum Frauenarzt gehen.

Ich habe Angst vor dem Frauenarzt, was soll ich tun? Für viele junge Mädchen ist der erste Frauenarztbesuch mit Angst verbunden. Das Bild des furchteinflößenden Untersuchungsstuhls und der Instrumente macht es nicht leichter. Dazu die Vorstellung, dass eine fremde Frau oder ein fremder Mann deinen Intimbereich untersucht und du dich nackt zeigen musst. Vielleicht hilft es dir, wenn du mit deiner Mutter oder deinen Freundinnen darüber sprichst. Sie können dir erzählen, wie es für sie war, und dir etwas von deiner Angst nehmen und dich ermutigen. Im Folgenden wirst du gleich mehr über den Ablauf der ersten Untersuchung erfahren. So kannst du dich mental vorbereiten und verstehst, was passiert. Und weißt du was? Bei deinem ersten Frauenarztbesuch musst du dich nicht zwingend untersuchen lassen. Vielleicht ist es dir lieber, die Ärztin oder den Arzt zuerst kennenzulernen und dich nur beraten zu lassen. Wenn du vor dem ersten Besuch sehen willst, wie eine Untersuchung abläuft, kannst du deine Eltern oder Freundin bitten, mit dir zu einer gesundheitlichen Beratungsstelle (z. B. pro familia) zu gehen. Dort kannst du die gynäkologische

Untersuchung sowie die entsprechenden Instrumente kennenlernen. Manche Frauenärzte bieten sogar ein Untersuchungslernzimmer an. Es gibt also viele Möglichkeiten, dir im Vorfeld alles anzusehen. Du wirst merken, dass der Besuch bei einer Frauenärztin auf jeden Fall machbar ist.

Neeein! Bitte kein Mann – ich will von einer Frauenärztin untersucht werden!

Dass du eine Frau für die Untersuchung deines Intimbereichs vorziehst, ist absolut nachvollziehbar. Du musst dich nicht von einem Mann untersuchen lassen. Auch wenn der Frauenarzt deiner Mutter ein Mann ist und sie glaubt, dass er der richtige Arzt für dich ist. Die Entscheidung darfst du selbst fällen. Kommt für dich nur eine Ärztin infrage, ist das völlig in Ordnung. Fachlich macht es keinen Unterschied. Aber für dich ist es womöglich einfacher, mit einer Frau über deine weiblichen Bedürfnisse und Probleme zu sprechen.

Ja, was passiert denn nun?

Der erste Termin beim Frauenarzt steht kurz bevor. Meistens handelt es sich nur um ein erstes Gespräch mit der Ärztin oder dem Arzt. Eine Untersuchung wird noch nicht durchgeführt. Außer du hast Beschwerden oder möchtest verhüten. Dann kann es notwendig sein, dass du untersucht wirst. Aber nochmals: keine Panik! Du musst nichts tun, was du nicht willst. Und wenn du Angst hast, sag das einfach deiner Ärztin. Sie wird dann besonders vorsichtig sein.

Die eigentliche Untersuchung (sie muss regelmäßig im Abstand von sechs Monaten durchgeführt werden) läuft eigentlich immer gleich ab. In der Regel wird die Ärztin zuerst deine Brust untersuchen und abtasten. Dafür musst du dich obenrum ausziehen.

Mit ihren Fingern wird die Ärztin dann beide Brüste nach Knoten abtasten. Damit kann sie feststellen, ob deine Brüste sich normal entwickeln und gesund sind. Denn Knoten in der Brust können ein Hinweis auf Erkrankungen oder sogar Brustkrebs sein. Die Frauenärztin wird gerne dazu bereit sein, dir die Technik zu erklären. So kannst du dich später zu Hause selbst abtasten.

Nach der Brust-Untersuchung wird dich die Frauenärztin bitten, dich im Intimbereich freizumachen. Du musst deine Hose und deinen Slip ausziehen. Im Anschluss setzt du dich auf den gynäkologischen Stuhl. Dieser hat an den Seiten Stützen für deine Beine. Zunächst wird die Frauenärztin deine Vagina von außen untersuchen und vorsichtig die Vulvalippen ein wenig auseinanderziehen, um in die Vagina sehen zu können. Danach wird sie mit ihren Fingern deine Bauchdecke und die Eierstöcke abtasten und einen oder zwei Finger in die Vagina einführen, um zu prüfen, ob innen alles in Ordnung ist.

Anschließend wird sie einen Abstrich nehmen. Dazu wird die Ärztin ein Spekulum als Untersuchungsgerät verwenden. Das hat Ähnlichkeit mit einem Entenschnabel. Die Frauenärztin führt es in deine Vagina ein, sodass sie einen Abstrich mit einem Wattestäbchen vornehmen kann. Diese Probe schickt sie später ans Labor. Dort wird überprüft, ob du krankmachende Bakterien in der Vagina hast oder an einer Infektion leidest.

Rat & Menstruations-Tipps – frag Mama und Freundinnen

Auch wenn dieses Buch dir vieles erklärt, es ersetzt kein Gespräch unter Freundinnen oder mit deiner Mama. Die können noch viel mehr ins Detail gehen. Zudem teilen sie ihre Erfahrungen mit dir. Und sie müssen jeden Monat das Gleiche durchmachen wie du. Auch sie haben ihre Menstruation. Und auch sie müssen sich regelmäßig vom Frauenarzt untersuchen lassen.

Das Übel, das mit der Periode oft einhergeht, ist bei vielen Mädchen groß. Du leidest vielleicht an Kopfschmerzen, starken Bauchkrämpfen, Müdigkeit, Mattheit und anderen Schmerzen. Schmerzmittel und Tampons vertreiben diese Beschwerden nur zum Teil. Also was tun? Verdrängen? Nein, still vor dich hin leiden solltest du nicht. Zumal geteiltes Leid halbes Leid ist. Sprich darüber und tausche Tipps mit anderen aus.

Weder ist deine Menstruation ein Fluch noch eine Behinderung. Du musst dich nicht dafür schämen. Während der Periode verlierst du Blut. Das strengt deinen Organismus an. Und zu den besten Mitteln gegen die Beschwerden gehören Liebe und Zuneigung! Lass dich von deinen besten Freundinnen oder deiner Mutter in den Arm nehmen und verwöhnen. Dein Körper wird sich zudem über Wärme freuen. Ein Kirschkernkissen oder eine Wärmflasche auf dem Bauch können wahre Wunder bewirken. Frage deine Mama um weitere Tipps. Sie weiß sicher, was du noch tun kannst, damit es dir während der Menstruation besser geht. Vielleicht rät sie dir zu leichtem Sport oder einem wohltuenden Tee mit Kräutern. Einige Freundinnen von dir, die schon die Regel haben, können dir ebenfalls nützliche Ratschläge geben.

Gefühle für Jungs
Hilfe, ich bin verliebt

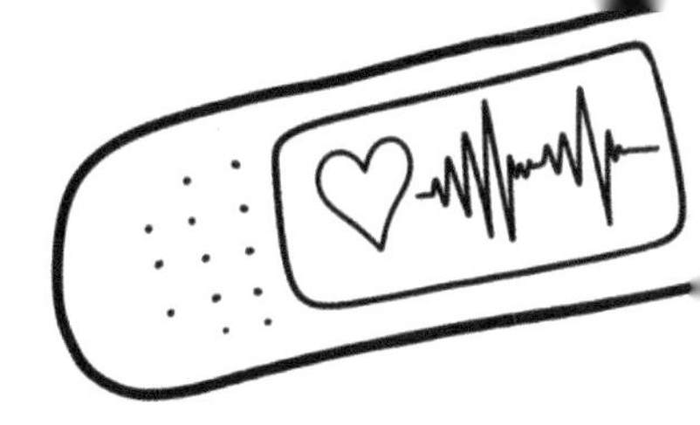

Kleines Pubertätslexikon:

Das erste Mal = So bezeichnet man umgangssprachlich den ersten Sex, den man im Leben hat

Serotonin = Botenstoff des Nervensystems, der Emotionen beeinflusst

Dopamin = Glückshormon

Adrenalin und Cortisol = Stresshormone, die dein Herz höher schlagen lassen

Date = ein romantisches Treffen mit einem Jungen oder Mädchen

Die Pubertät ist eine aufregende Zeit. Nicht nur aufgrund der Veränderungen in deinem Körper. Denn plötzlich kommen Gefühle in dir auf, die du so noch nicht kanntest. Du verliebst dich das erste Mal. Doch die Zeit der ersten Liebe ist meistens auch mit ersten sexuellen Erfahrungen verbunden. Das alles will gelernt sein. Wie gehst du mit diesen neuen, starken Gefühlen um? Welche Erfahrungen und Erlebnisse kommen auf dich zu? Wann passiert der erste Kuss? Und wie läuft das Küssen überhaupt ab?

Das erste Mal verliebt zu sein, ist etwas Wundervolles. Dieses Gefühl verändert dich, verändert alles um dich herum. Die Welt strahlt, du strahlst. Dein Glück ist dir buchstäblich im Gesicht abzulesen. Du denkst immer nur an den Menschen, den du magst, und erlebst dich mit ihm in zahllosen Tagträumen. Plötzlich sind Schule und Freunde und Familie unwichtig geworden. Deine Gedanken kreisen sich nur noch um die Liebe. Und die schwer beschreibbaren Gefühle werden von Tag zu Tag stärker und drängender. Das verunsichert dich vielleicht. Möglicherweise denkst du jetzt, dass du zu jung bist, um verliebt zu sein. Aber für deine Liebe gibt es keine Altersbeschränkung. Du darfst ruhig für den Nachbarjungen oder das Mädchen aus deiner Klasse schwärmen. Wen du auch immer toll findest, du bist in der Pubertät. Da wächst das Interesse am anderen Geschlecht, an der Liebe, am Ausprobieren. Es gibt kein Patentrezept, wie du mit allem umgehst, aber ein paar hilfreiche Tipps geben wir dir im Folgenden dennoch mit auf den Weg.

Wie gehe ich nur mit all den Liebesgefühlen um?

In der Pubertät fühlst du dich nicht nur körperlich anders. Du fängst auch an, für einen Jungen zu schwärmen. Und irgendwann werden dich die ersten Liebesgefühle übermannen. Kannst du dich noch an deine Zeit im Kindergarten erinnern? Und an das erste Kind, das du damals so richtig toll fandest? Vielleicht wolltest du es heiraten und mit ihm Kinder kriegen. Doch dann kam die Schulzeit und ihr fandet euch doof. So sind die Jahre vergangen. Und nun gefällt dir plötzlich das erste Mal seit Langem wieder ein anderer Mensch.

Was machst du dann mit all diesen überwältigenden Emotionen? Du spürst, dass da noch ganz viel vor dir liegt. Vieles, was dir bis jetzt nicht vertraut war. Und irgendwie fühlst du dich mit deinem Schwarm körperlich verbunden. Du magst sein Aussehen, seine Kleidung, seine Art, wie er redet und lacht. Außerdem ist er einer der coolsten Jungen aus der Schule. Immer, wenn du ihm nah bist, hast du ein extremes Kribbeln im Bauch. Dein Herz klopft wie verrückt! Du wirst rot, sobald der dich anlächelt. Und du bist mächtig aufgeregt, bis du ihn das nächste Mal wiedertriffst. Klar, dass du Aufmerksamkeit von ihm haben möchtest. Das nennt sich Verliebtsein. Das sind die Schmetterlinge im Bauch, von denen immer alle erzählen. Was für wunderbare, neue Gefühle! Gefühle, die du so noch nicht erlebt hast. Es fühlt sich auch anders an als die Liebe zu deinen Eltern oder deinen Freundinnen. Du hast vielleicht Angst, dass er dich blöd findet. Wer verliebt ist, ist unsicher und ängstlich. Versuche dich auf das Schöne zu konzentrieren. Verbringe Zeit mit deinem Schwarm und genieße den Augenblick.

Was passiert in meinem Körper, wenn ich verliebt bin? Dein Körper schüttet viele Hormone aus, wenn du verliebt bist. Sie benebeln regelrecht deine Sinne. Besonders stark wird das Glückshormon Dopamin produziert. Das sorgt dafür, dass du dich besonders glücklich fühlst. Du schwebst dann auf Wolke Sieben. Und warum denkst du ständig an ihn? Dafür ist ein anderes Hormon zuständig. Und zwar das Glückshormon Serotonin. Es sinkt, wenn du verliebt bist, sodass du dich nur noch auf die Traumperson konzentrieren kannst. Das ist fast wie ein Zwang. Wissenschaftler haben festgestellt, dass du dich als Verliebte so verhältst, als hättest du Drogen genommen. Und die Droge ist in diesem Fall dein Schwarm. In deinem Körper passiert aber noch mehr: Du stößt Adrenalin und Cortisol aus. Diese Stresshormone helfen dir, mutiger zu werden. Du traust dich plötzlich, den Jungen, den du toll findest, anzusprechen.

Wie fühlt es sich an? Und wie weiß ich, dass ich verliebt bin? Nun, wie erwähnt, fühlst du dich, als hättest du Schmetterlinge im Bauch. Dieses Kribbeln macht dich ganz verrückt. Und wenn du deinen Schwarm siehst, fängt dein Herz an zu rasen. Du wirst rot oder dir wird richtig schwindelig. Womöglich bekommst du kein richtiges Wort heraus, wenn er dich anspricht. Das alles sind Zeichen dafür, dass du verliebt bist. Wenn du zudem ständig an ihn denkst, dir Dinge mit ihm ausmalst und in seiner Nähe immer aufgeregt bist, ist das ein weiteres Anzeichen. Manchmal kommen auch unangenehme Gefühle ins Spiel, wenn du verliebt bist. Vor allem, wenn er dir nicht genug Aufmerksamkeit schenkt, sich mit anderen Mädchen unterhält oder sie umarmt. Dann bist du vielleicht eifersüchtig oder genervt. Du versuchst dich, in deinem besten Licht zu zeigen, da dir wichtig ist, was er über dich denkt. Und wenn du es kaum erwarten kannst, bis er dir zurückschreibt oder du ihn wiedersiehst, dann steckst du ganz tief drin in der wundersamen Liebesfalle.

Wann passiert der erste Kuss?

Oh Gott, der erste Kuss steht kurz bevor, und dann auch noch mit Zunge. Wie unappetitlich ist das denn? Wieso muss ich mit meinem Schwarm überhaupt knutschen, fragst du dich möglicherweise. Warum knutschen Menschen miteinander? Und wieso erzählt deine beste Freundin freudestrahlend, wie toll es war, als sie ihren Freund eine Stunde lang geküsst hat? Eine Stunde lang?

Du wirst es nicht glauben, aber Küssen ist eine der schönsten Sachen, die es gibt. Erinnerst du dich an das Kribbeln und die Schmetterlinge im Bauch. Nun, diese wundersamen Gefühle kommen beim Knutschen ganz schnell hoch. Natürlich solltest du nur jemanden küssen, den du magst und attraktiv findest. Und du solltest nur knutschen, wenn du dich wohlfühlst!

Wie geht das Küssen überhaupt? Angenommen, du hast bereits einen Freund oder triffst dich mit einem Jungen, den du küssen möchtest, hast aber Angst, etwas falsch zu machen, dich zu blamieren oder ausgelacht zu werden. Eine Möglichkeit, ist Üben. Und zwar mit den Freundinnen oder zu Hause vor dem Spiegel. Das Knutschen geht nämlich ganz einfach. Du machst einfach deinen Mund auf und umkreist mit deiner Zunge die Zunge deines Schwarms. Der Rest ergibt sich von ganz alleine. Du musst also nicht die nächsten Monate üben und üben, bis du kussreif bist. Achte darauf, dass du zuerst sanft die Lippen des anderen küsst und dich danach langsam mit der Zungenspitze voran wagst. Wie schnell und langsam du küsst, hängt von dir ab. Du merkst ziemlich schnell, was dir gefällt und was weniger. Manche Jungs küssen sehr leidenschaftlich und schnell oder schmatzen viel. Andere wiederum sind ganz vorsichtig und zärtlich. Was auch immer dein Gegenüber macht, nach ein paar Minuten hast du dich eingeküsst.

Manchmal stoßen die Zähne beim Küssen zusammen oder du beißt dem anderen auf die Lippen. Das kann absichtlich oder unabsichtlich passieren. Sei einfach kreativ und probiere dich beim Küssen mit dem anderen aus. Wenn dir etwas unangenehm ist oder dir nicht gefällt, kannst du es dem anderen behutsam mitteilen. Ändert sich nichts oder gefällt dir der Kuss nicht, dann seid ihr wohl nicht kompatibel. Denn nicht jeder passt mit jedem kusstechnisch zusammen.

- Küssen ist eine Form von Zärtlichkeit und Nähe

- Menschen küssen sich bis zu 100.000 Mal in ihrem Leben

Übrigens: Wenn du einen Jungen küsst, dann geht ihr nicht automatisch miteinander. Viele junge Menschen küssen sich, weil sie einfach in dem Moment Lust haben, zu knutschen, oder weil sie üben wollen. Oder sie wollen herausfinden, ob das Gegenüber der richtige Partner ist. Ein Kuss von einem Jungen bedeutet deshalb nicht unbedingt, dass er mit dir gehen will. Das solltest du wissen.

Die erste Liebe: Willst du mit mir gehen?

Wenn du einen Schwarm hast und die Beziehung mit ihm vertiefen möchtest, dann musst du nicht die nächsten Monate darauf warten, bis er den ersten Schritt macht. Es spricht nichts dagegen, dass du ihn ansprichst und den Kontakt ins Rollen bringst. Du begehst damit keine Dummheit und schadest auch nicht deinem Ruf. Und dass der Junge, den du magst, dich nicht anspricht, hat nicht unbedingt damit zu tun, dass er dich nicht toll findet. Oft sind Jungs genauso verunsichert wie du. Sie trauen sich nicht, dich zu einem Date einzuladen. Oder es ist einem Jungen peinlich, dich zu fragen, ob du mit ihm gehen willst. Wenn du ihm zuvorkommst, ist er vielleicht froh darüber. Denn du könntest ja schließlich Nein sagen, wenn er dich fragt.

Nimm deinen Mut zusammen und geh auf ihn zu. Was kann passieren? Im schlimmsten Fall sagt er Nein. Doch dann weißt du wenigstens schnell, woran du bist. Ansonsten träumst du vielleicht viele Wochen oder Jahre von deinem Traumjungen. Übrigens, dass dir dein Schwarm eine Abfuhr erteilt, ist nicht die Regel, sondern die Ausnahme. Meistens sagt er einem ersten Date zu. Wenn es dann so weit ist, drehst du wahrscheinlich vor lauter Nervosität total durch. Die Vorfreude wechselt sich mit Panik ab. Du denkst darüber nach, was alles schieflaufen könnte. Möglicherweise hast du Angst dafür, dass dich der Junge blöd findet, wenn er dich näher kennenlernt oder, dass er dich küssen könnte, weil du noch nie jemanden geküsst hast.

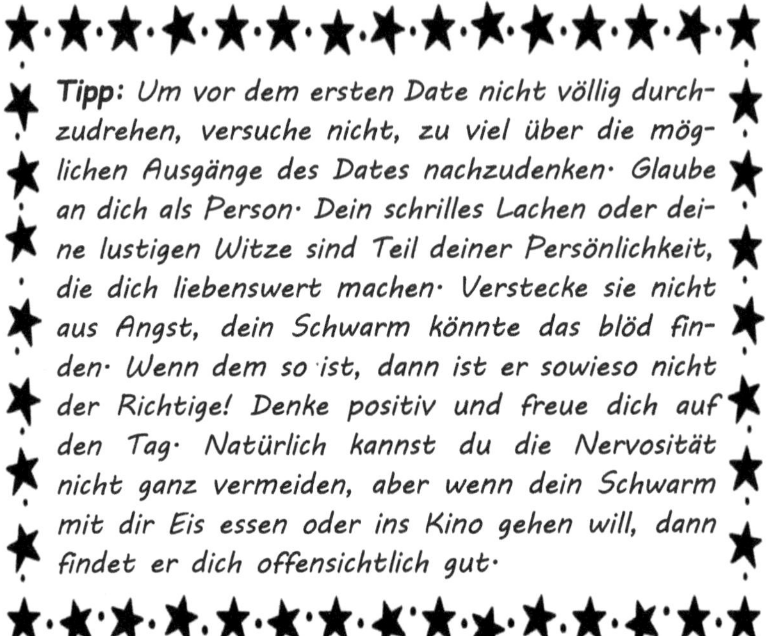

Tipp: *Um vor dem ersten Date nicht völlig durchzudrehen, versuche nicht, zu viel über die möglichen Ausgänge des Dates nachzudenken. Glaube an dich als Person. Dein schrilles Lachen oder deine lustigen Witze sind Teil deiner Persönlichkeit, die dich liebenswert machen. Verstecke sie nicht aus Angst, dein Schwarm könnte das blöd finden. Wenn dem so ist, dann ist er sowieso nicht der Richtige! Denke positiv und freue dich auf den Tag. Natürlich kannst du die Nervosität nicht ganz vermeiden, aber wenn dein Schwarm mit dir Eis essen oder ins Kino gehen will, dann findet er dich offensichtlich gut.*

Was soll ich beim ersten Date beachten? Zuerst einmal: Sei natürlich und echt. Damit ist nicht nur das offene Zeigen deiner Persönlichkeit gemeint. Auch bei deinem Outfit solltest du authentisch sein. Klar, du darfst dich hübsch machen, aber übertreibe es nicht. Jungs mögen dein natürliches Aussehen mehr, als du denkst. Lasse die Dinge auf dem Date auf dich zukommen. Wenn es vielleicht nicht so toll läuft, musst du dich nicht verstellen, damit es wieder klappt. Und wenn der Junge kaum ein Wort rausbekommt und du das Gefühl hast, er hat kein Interesse, könnte große Schüchternheit dahinterstecken. Nimm ihm die Nervosität, indem du von dir erzählst und ihm Fragen stellst. Suche nach Gemeinsamkeiten, die ihr habt (Hobbys, Musikgeschmack, Bücher, Filme, Freizeitbeschäftigungen, Sport).

Schluss gemacht: Hilfe! Ich habe Liebeskummer!

Auch die schönste Beziehung kann in die Brüche gehen. Dann kommt der Liebeskummer. Dabei spielt es keine Rolle, ob dein Freund Schluss gemacht hat oder du die Beziehung beendet hast. Denn eine Trennung tut immer weh. Es fühlt sich einfach mies an, den anderen verloren zu haben. Und die Art des Schlussmachens will gelernt sein. Sonst kann es noch mehr wehtun. Wenn dein Freund kurz und knapp per SMS Schluss macht (oder auch du), dann ist das wenig hilfreich. Jeder wünscht sich eine Erklärung und ein paar liebe Worte. Schließlich hat man mit dem anderen viele Gefühle, Gespräche und viel Zeit geteilt.

Manchmal kann eine Trennung aus heiterem Himmel kommen und du hast es nicht vorausgeahnt. Kurz vor deinem nächsten Date beendet dein Schwarm die Beziehung. Dabei lief alles bis zu diesem Tag wunderbar. Manchmal kann man nicht genau ausdrücken, was zum Ende geführt hat. Vielleicht ging es dir auch schon einmal so. Plötzlich gefällt dir dein Schwarm nicht mehr oder du verliebst dich in einen anderen. Egal, wie das Ende zustande kommt, ob du Schluss gemacht hast oder er: Liebeskummer lässt sich nicht vermeiden. Da muss jeder Mensch mal durch. Auch deine Eltern hatten garantiert schon einmal heftigen Liebeskummer.

Natürlich ist es schlimmer, wenn der andere die Beziehung beendet. Du glaubst, dein Herz zerreißt. Die Tränen hören einfach nicht auf zu fließen. Und alles fällt unheimlich schwer. Die Gedanken kreisen um den Ex. Am liebsten möchtest du dich für immer in deinem Zimmer verkriechen. Alles ist scheiße. Deine ganze Welt bricht zusammen.

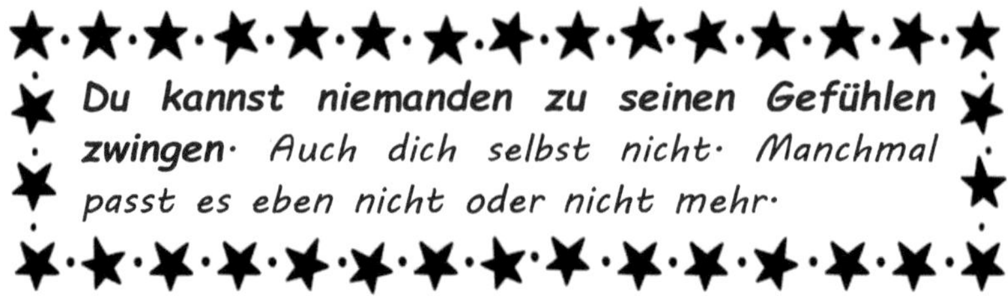

Liebeskummer-Symptome – wochenlang heulen? Auch das geht vorbei!

Der erste Liebeskummer ist vielleicht der schlimmste. Denn du hast ihn noch nie zuvor erlebt. Und wenn er kommt, dann heftig. Du hast keine Lust mehr auf nichts. Der Appetit ist dir vergangen. Du kannst nicht mehr schlafen. Die Schule stresst, die Freunde nerven, du hast Bauch- und Kopfschmerzen. Und immer wieder leidest du unter Wut- und Heulanfällen. Wenn der Ex auch noch an der gleichen Schule ist wie du, triffst du ihn jeden Tag und kannst ihm nicht aus dem Weg gehen. Ignoriert er dich sogar, dann macht es das alles noch schlimmer.

Was du bei Liebeskummer tun kannst: Zuerst einmal ist es wichtig, dass du die Trennung akzeptierst. Auch wenn du es nicht wahrhaben willst. Dein Schwarm wird nicht zu dir zurückkommen, wenn du ihn mit WhatsApp-Nachrichten, Anrufen und Briefen bombardierst. Akzeptiere das Beziehungsende und mach dir nichts vor. Klar, du bist furchtbar traurig. Und das ist in Ordnung. Du hast das Recht, deiner verlorenen Liebe nachzuweinen. Und wütend darfst du ebenfalls werden. Was auch immer du fühlst, lass es zu und die Gefühle raus. So kannst du den Kummer besser und schneller verarbeiten.

Mache den Liebeskummer bitte nicht mit dir selbst aus, sondern rede mit Freundinnen oder deinen Eltern darüber. Sie sollten dir zuhören. Oft braucht es für die erste Heilung nicht mehr als ein offenes Ohr und zwanglose Gespräche. Frage deine Freundinnen, ältere Geschwister oder Eltern um Rat, was du tun kannst, damit es dir besser geht. Nutze dein Tagebuch, um deine Gefühle aufzuschreiben. So hören die traurigen Gedanken auf, sich ständig im Kreis zu drehen. Und was ganz besonders hilft, ist Ablenkung.

So gerne du auch in deinem Zimmer versinken möchtest, triff dich mit deinen Freundinnen, mach Sport, geh raus, lies ein Buch, geh klettern, koch was mit deiner Mutter oder hilf deiner Oma im Garten. Wenn du dich auf die Schule konzentrierst, regelmäßig lernst und dir ein schulisches Ziel (wie eine besonders gute Note) setzt, lenkst du dich ebenfalls ab. Jede Aktivität hilft, das Leben bunter zu gestalten.

Nach ein paar Wochen tiefer Traurigkeit wirst du merken, wie du der Heulerei überdrüssig geworden bist und dich besser fühlst. Das ist der Punkt, an dem du dich aktiv darum kümmern kannst, wieder Boden unter den Füßen zu bekommen. Du wirst später bemerken, dass dich die Entscheidung, dich aus dem Liebeskummer herauszuziehen, weitergebracht hat. Denn dein Kummer macht dich jedes Mal ein Stück reifer, erfahrener und erwachsener. Du lernst dabei viel über dich selbst und was du im Leben willst. Und dass du es geschafft hast, eine vertraute Person (deinen Ex-Freund) zurückzulassen, hat dich stärker gemacht.

Nach ein paar Monaten bist du bereit, Unbekanntes auszuprobieren und neue Jungs kennenzulernen. Der Liebeskummer ist eine schlimme Zeit, aber du weißt jetzt, dass es dir wieder richtig gut gehen kann. Das klingt jetzt komisch, aber durch die Verletzungen und den Schmerz wirst du selbstbewusster. Jetzt weißt du, was du aushalten kannst und welchen Typ Jungen du willst.

TIPP: Viele schwören auf das Ausmisten und Verbrennen von Sachen des Ex-Freundes, um den Liebeskummer zu heilen. Du musst natürlich nicht gleich alles verbrennen. Aber die Dinge deines Ex zu verbannen, ist keine schlechte Idee. Pack sie in eine

Schachtel und verstaue diese im Keller oder auf dem Dachboden. So gewinnst du Abstand.

Was mag ein Junge eigentlich? Hier ein paar Tipps für dich!

Diese Frage lässt sich nicht so einfach beantworten. Denn jeder Junge hat andere Vorlieben und mag andere Dinge. Um deinen Schwarm kennenzulernen und zu wissen, was er mag, musst du mit ihm reden. Denn Reden ist in jeder Beziehung der Grundstein. Nur, wenn du nachfragst und dich für den anderen interessierst, findest du heraus, ob ihr Gemeinsamkeiten habt und er der richtige Junge für dich ist. Auch lernst du, was er gerne hat und was er eher nicht mag. Du kannst ihn zu seinen Hobbys, seinen Lieblingsspeisen, seiner Lieblingsmusik befragen. Der Gesprächsstoff geht dir sicher nicht aus. Und wenn du dir über etwas im Unklaren bist, dann sprich es aus. Es ist das Normalste der Welt, beim anderen nachzufragen, falls etwas nicht klar ist.

Das gilt ebenfalls, wenn du mit etwas nicht übereinstimmst. Selbst, wenn dein Schwarm das mag, dann sag ihm, dass du das nicht tust. Das gilt übrigens ganz besonders für körperliche Vorlieben. Will dein Schwarm dich mit der Zunge küssen oder umarmen, aber dir ist das unangenehm, sag ihm das. Wenn er etwas einfordern sollte, zeige ihm deutlich deine Grenzen. Du darfst dein eigenes Tempo haben. Geht es dir zu schnell, musst du dich nicht für den anderen verbiegen.

Übrigens: Mädchen sind kommunikativer als Jungen. Das gilt auch für das Texten und Anrufen. Wenn du deinem Schwarm die ganze Zeit Nachrichten schickst, dann ist ihm das womöglich zu viel. Es gibt noch ein paar weitere Dinge, die einem Jungen weniger gefallen. Wenn du ihn erst seit Kurzem triffst, solltest du ihn nicht gleich all deinen Freunden präsentieren. Das könnte ihn abschrecken. Lerne ihn erst einmal kennen. Früher oder später wird er deine Freunde und Familie treffen. Nimm dir auch

Dinge ohne deinen Freund vor. Wenn du ihn ständig siehst, so schön das auch ist, engt ihn das vielleicht ein. Und auch dich. Außerdem werden deine Freundinnen traurig sein, wenn du plötzlich keine Zeit mehr für sie hast.

Was dein Freund braucht, ist nicht, dass ihr euch immer trefft, sondern dass du ihm zeigst, dass du ihn gerne hast. Das kannst du zum Beispiel durch ein ehrliches Kompliment tun. Oder du zeigst ihm zwischendurch deine romantische und kreative Seite. Sag ihm, was er dir bedeutet. Sei offen für Neues. So kommt keine Langeweile in die Beziehung. Sei zudem immer ehrlich. Das ist die Basis einer gesunden Beziehung.

- Frage deinen Freund oder Schwarm, was er mag. Vor allem, wenn ihr beide das erste Mal verliebt seid.

- Was erhoffst du dir von einer Beziehung, was erhofft sich dein Freund davon?

- Welche Vorstellungen teilt ihr miteinander?

- Wie viel Kontakt wollt ihr miteinander haben?

- Bleibe dir immer treu. Wenn der Junge dich mag, dann wird er nicht von dir verlangen, dass du dich für alles begeisterst, was er mag.

Was darf ich mit meinem Freund alles machen? Ist etwas nicht erlaubt?

Wenn du mit einem Jungen gehst und dich regelmäßig mit ihm triffst, dann fangt ihr irgendwann an, euch zu küssen oder Händchen zu halten. Wer verliebt ist, will den anderen am liebsten den ganzen Tag lang umarmen und berühren. Die körperliche Nähe verstärkt das Verliebtsein und gibt das Gefühl von Geborgenheit. Es schafft zwischen dir und deinem Freund Vertrauen. Du kannst die Gefühle auch mit Worten ausdrücken. Oder du zeigst ihm deine Zuneigung mit einer zärtlichen Geste, zum Beispiel, indem du ihm über den Arm streichst, ihn auf die Stirn küsst, ihn umarmst oder ihm die Haare kraulst. Diese Gesten drücken meistens mehr aus als ein verliebtes Wort. Körperliche Intimitäten sind also Liebesbekundungen, die zu einer Partnerschaft dazugehören. Du tauschst sie mit deinem Freund aus und zeigst der ganzen Welt: Schaut her, das ist mein Partner. Wenn du in der Öffentlichkeit mit ihm Händchen hältst oder ihn küsst, weiß jeder, dass ihr zusammengehört. Das bedeutet aber nicht, dass du unbedingt etwas davon tun musst.

Sei es in der Öffentlichkeit oder im Privaten, mache nur das, wonach du dich fühlst. Nichts sollte dir unangenehme Gefühle bereiten. Ansonsten kannst du den Dingen freien Lauf lassen. Erlaubt ist nämlich alles, was dir Spaß macht. Jedenfalls in der Theorie. Denn zum Schutz vor sexuellem Missbrauch gibt es in Deutschland ein Jugendschutzgesetz. Das legt fest, ab welchem Alter sexueller Kontakt und Sex erlaubt sind. Es hängt also von deinem Alter ab, ob du schon Sex haben darfst oder nicht.

Ab wann darf ich mit meinem Freund intim werden? Wenn ihr noch nicht 14 seid, solltet ihr noch keinen Sex haben. Selbst wenn ihr beide Lust darauf habt, macht ihr euch strafbar. Und zwar auch dann, wenn einer von euch beiden nur ein kleines bisschen älter, also gerade erst 14 geworden ist. Eure Gefühle füreinander dürft ihr nur mit Küssen und Kuscheln ausdrücken. Bis zu eurem 14. Geburtstag seid ihr gesetzlich gesehen noch ein Kind. Übrigens, auch an den Geschlechtsteilen Berühren ist vor dem 14. Lebensjahr strafbar. Wartet also ab. Sobald ihr beide 14 Jahre alt seid, dürft ihr euch sexuell näherkommen. Vorausgesetzt, ihr wollt das beide!

- Sobald du 14 Jahre alt bist, können deine Eltern dir den Sex nicht verbieten. Sie dürfen aber verbieten, dass ihr gemeinsam bei dir zu Hause schlaft.

Jeder ist anders
Journal

Kleines Pubertätslexikon:

sexuelle Orientierung = ob du dich zu Mädchen oder Jungs hingezogen fühlst

homosexuell / Homosexualität = Homosexualität bedeutet, dass ein Mann und ein Mann sich lieben, oder eine Frau und eine Frau

lesbisch = als lesbisch werden Mädchen und Frauen bezeichnet, die sich romantisch und/oder körperlich zu anderen Mädchen oder Frauen hingezogen fühlen

schwul = als schwul werden Jungs und Männer bezeichnet, die sich lieben

bisexuell = Bi bedeutet 2 und Bi-sexuell bedeutet: jemand liebt Menschen von 2 Geschlechtern (Mann & Frau)

transsexuell/transgender = wird als Begriff für alle Menschen verwendet, die ihr eigenes Geschlecht ablehnen

asexuell = Menschen, die kein Verlangen nach Sex haben

Outen = auch Coming Out genannt, wenn Mädchen (und Jungs) anderen Menschen von ihrer sexuellen Orientierung erzählen, also sagen, dass sie z· B· lesbisch sind

Geschlechtsidentität = die eigene Wahrnehmung und das eigene Empfinden der Zugehörigkeit zu einem oder auch mehreren Geschlechtern; auch wenn jemand als Mädchen zur Welt kommst, kann es sein, dass diese Person sich nicht wie ein Mädchen fühlt

Nicht immer stehen Mädchen auf andere Jungs. Es kann auch sein, dass sie nur Mädchen gerne haben. Vielleicht schwärmst du ebenfalls von anderen Mädchen und willst diese treffen. Das ist völlig in Ordnung. Es gibt kein Gesetz, dass das verbietet. Du darfst dich zum gleichen Geschlecht hingezogen fühlen. So geht es vielen Jungen und Mädchen. Lass dir deshalb nicht einreden, dass mit dir etwas nicht stimmt. Wenn du lesbisch bist, dann hast du das Recht, diese sexuelle Orientierung frei auszuleben.

Du musst das aber nicht gleich jedem erzählen. Erst, wenn du dazu bereit bist, solltest du dich jemandem anvertrauen. Wenn es dir peinlich ist, es deinen Eltern zu erzählen, sprich mit einer engen Freundin darüber. Oder du erzählst es jemandem, der selbst schwul oder lesbisch ist. Denn der Prozess, dich als lesbisch zu definieren und die Homosexualität öffentlich zu machen, ist nicht leicht. Hier ist es hilfreich, andere, die genauso fühlen wie du, um dich herum zu haben.

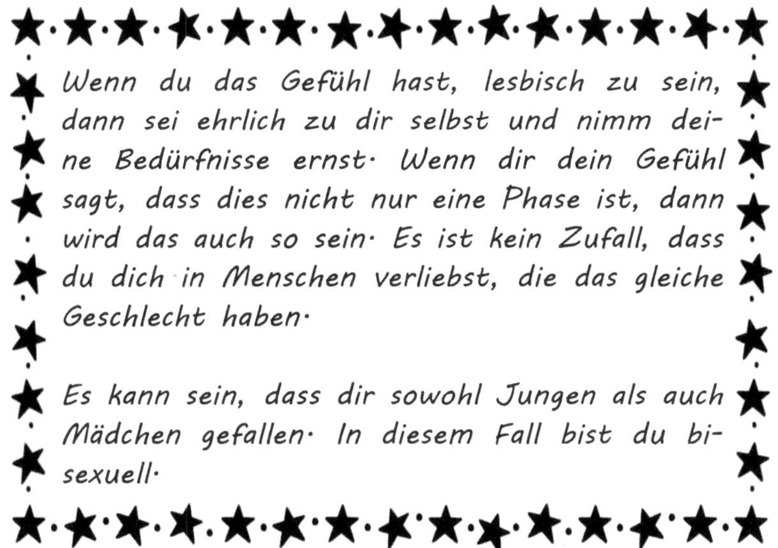

Ich stehe auf Mädchen: Bin ich lesbisch?

In der Pubertät beginnt eine spannende Phase für dich. Du kannst jetzt deinen Gefühlen freien Lauf lassen und andere Mädchen küssen oder auch mit ihnen Sex haben. Es ist völlig in Ordnung, mit einem Mädchen auszugehen und nur mit Mädchen auszugehen. Liebe ist wunderschön. Sie ist ein wunderbares Gefühl. Da spielt es keine Rolle, ob du dich in einen Jungen oder ein Mädchen verliebst.

Dass du auf Mädchen stehst, ist nichts Verwerfliches. Homosexualität und Bisexualität entstehen nicht durch eine falsche Erziehung. Sie sind Teil der Vielfalt in unserer Welt. Und was glaubst du, wie viele Tiere im Tierreich homosexuell sind! Das sind weit mehr, als du denkst. Deine Beziehungen zum gleichen Geschlecht – egal, ob freundschaftlich, partnerschaftlich oder körperlich – darfst du ausleben und zulassen. Deine sexuelle Orientierung ist okay!

Wenn du als Mädchen in der Pubertät lesbische Fantasien hast, spricht also nichts dagegen, diese in die Praxis umzusetzen. Aufgrund deiner sexuellen Erfahrungen mit anderen Mädchen findest du zudem heraus, ob du lesbisch bist oder auch Männer magst, also auf beide Geschlechter stehst.

- Sich von Mädchen angezogen zu fühlen, ist ganz normal. Sexuelle Erfahrungen mit dem gleichen Geschlecht gehören zur sexuellen Entwicklung vieler Jugendlicher dazu.

- Viele Freundinnen tauschen untereinander Zungenküsse aus oder probieren sich sexuell aus. Das ist ebenfalls nicht verwerflich.

- Wenn du ein Mädchen begehrst, bedeutet das nicht, dass du dauerhaft homosexuell fühlen oder leben wirst. Und wenn doch, dann ist das völlig in Ordnung.

- Liebe ist ein tolles Gefühl! Egal, ob du dich in ein Mädchen oder in einen Jungen verliebst.

- Unterschiedliche sexuelle Orientierungen sind Teil unserer vielfältigen Welt.

Es ist völlig in Ordnung, mit einem Mädchen auszugehen

Wenn du also merkst, dass dich ein Mädchen sexuell erregt, bist du möglicherweise erst einmal verunsichert. Du weißt wahrscheinlich nicht, wie du damit umgehen sollst, wenn du dich als Mädchen in ein anderes Mädchen verliebst. Da ist es gut zu wissen, dass sich kein Mensch seine Orientierung aussuchen kann. Und das Verlieben in das gleiche Geschlecht ist völlig normal. Glaube bitte niemandem, der dir sagt, dass eine homosexuelle Orientierung anerzogen ist oder du dazu verführt wurdest. Selbst, wenn viele Menschen Vorurteile gegenüber der Homosexualität haben, lass dich davon nicht verunsichern. Steh zu dir selbst. Deine Sexualität anzunehmen und auszuleben, lohnt sich immer. Sie ist Teil deiner individuellen Bedürfnisse, Wünsche und des persönlichen Empfindens. Selbst, wenn du auf Vorbehalte stößt, sollte dich das nicht hindern, deine Sexualität auszuleben. Das sind deine Vorlieben und Empfindungen.

- Homo- oder Bisexualität haben nichts mit Erziehung zu tun. Sie lässt sich nicht anerziehen oder aberziehen! Wer dir das erzählen will, der liegt falsch!

- Als Mädchen mit anderen Mädchen auszugehen, ist nicht unnatürlich oder krank. Es ist auch kein Fehler oder ein Sünde. Lass dir nichts anderes einreden!

Darfst du ausleben, was du fühlst?

Viele Menschen trauen sich nicht, sich zu outen. Sie tun das erst nach vielen Jahren. Denn das Outing stellt eine große Herausforderung dar. Wie reagieren die anderen, wenn ich erzähle, dass ich lesbisch bin? Was halten meine Eltern davon? Wie gehen meine Freundinnen damit um? Werde ich akzeptiert, auch wenn ich homosexuell bin? Sicher hast du bemerkt, dass in der Schule und in den Medien viel über Homosexualität berichtet wird. Und du weißt womöglich auch, dass es wichtige Gesetze zur Gleichberechtigung und Homosexualität gibt. Dennoch existieren weiterhin viele negative Klischees. Du hast das vielleicht schon mitbekommen. Und deshalb schämst du dich dafür, auf Mädchen zu stehen. Möglicherweise finden einige deiner Mitschüler oder Erwachsene das anstößig.

Vielleicht hast du schon einmal gesehen, wie ein Junge in der Schule als „schwule Sau" bezeichnet wurde. Das ist ein schreckliches Schimpfwort, das homosexuellen Jugendlichen Angst macht. Viele Jungs wollen wegen dieses Schimpfwortes nicht als Schwuli gelten. Wenn du mit einem Mädchen gehst, traust du dich vielleicht nicht, sie in der Schule zu küssen. Du hast Angst, dass die anderen darüber lachen oder dich blöd anmachen. Aus diesem Grund möchtest du deine sexuelle Orientierung nicht preisgeben. Zwar wird es mehr akzeptiert, wenn zwei Mädchen miteinander gehen, dennoch ist es nicht immer einfach, die Gefühle füreinander in der Öffentlichkeit zu zeigen. Das ist verständlich. Aber: Du hast ein Recht darauf, auszuleben, was du fühlst. Du bist nicht anders, weil du Mädchen statt Jungen magst. Und du solltest niemandem etwas vorspielen müssen. Vor allem hast du die gleiche Liebe verdient, wie andere Jugendliche auch.

Selbst, wenn es dir schwerfällt, alles ist besser, als zu schweigen! Suche ein vertrauensvolles Gespräch und informiere dich über Homosexualität. Garantiert gibt es bei dir an der Schule Lehrkräfte, die ebenfalls lesbisch oder schwul sind und daraus kein Geheimnis machen. Mit ihnen kannst du sicher sprechen.

Du bist okay, so wie du bist!

Auch wenn deine Eltern in vielerlei Hinsicht cool sind, kann es sein, dass sie nicht so reagieren, wie du es von ihnen erwartest. Sie verstehen vielleicht nicht, warum du lesbisch bist. Oder sie haben der Homosexualität gegenüber Vorurteile. Leider gibt es auch Eltern, die schockiert reagieren und sich fragen, warum das ausgerechnet in der eigenen Familie passiert. Und selbst, wenn deine Eltern super verständnisvoll sind und sogar homosexuelle Kollegen und Freunde haben – die wenigsten Kinder haben Eltern, die selbst homosexuelle Erfahrungen gemacht haben oder allen sexuellen Orientierungen gegenüber offen sind.

Wenn deine Eltern bei deinem Outing zuerst verwundert oder komisch reagieren sollten, suche das Gespräch mit ihnen und schweige nicht. Erkläre ihnen, wie du dich fühlst und was du dir von ihnen erhoffst. Mache ihnen klar, dass deine sexuelle Orientierung womöglich keine Phase ist und du dich von ihnen akzeptiert fühlen möchtest.

Tipp: Wenn du nicht weißt, wie und ob du dich outen sollst, und Angst vor der Reaktion deiner Eltern hast, solltest du dich an eine Vertrauensperson wenden. Das kann die Vertrauenslehrkraft in der Schule sein oder ein Mitarbeiter aus dem örtlichen Jugendtreff. Diese Menschen werden dich bei deinem Outing begleiten und unterstützen. Denn deine Eltern können sich Sorgen machen. Und sie brauchen Zeit, um sich daran zu gewöhnen, dass du Mädchen magst. Bist du verunsichert, solltest du dir Unterstützung und Hilfe bei Beratungsstellen und den Austausch mit anderen homosexuellen Mädchen und Jungen suchen.

Warum fühle ich mich eher wie ein Junge?

Du glaubst, dass du irgendwie nicht richtig in deinem eigenen Körper zu Hause bist? Aber du weißt nicht, was es bedeutet? Nun, es gibt viele Menschen, denen es so geht wie dir. Sie finden ihr eigenes Geschlecht (weiblich oder männlich) nicht passend. Auch wissen sie nicht, wie sie sich damit identifizieren sollen. Sie leben zwischen verschiedenen Geschlechtern. Sprich, sie sind halb Junge, halb Mädchen. Oder sie wollen lieber ein Junge als ein Mädchen sein oder umgekehrt. Das klingt kompliziert. Aber vielleicht kannst du etwas davon nachvollziehen. Möglicherweise geht es dir ähnlich.

Wenn du dich in deiner Haut als Mädchen unwohl fühlst und dich lieber als ein Junge ausgibst, bist du möglicherweise transsexuell. Denn auch, wenn du als Mädchen geboren wurdest, musst du nicht zwangsweise dein eigenes Geschlecht annehmen. Im Prozess der Identitätsfindung hast du vielleicht Lust, dich als Junge zu kleiden oder deine Frisur zu ändern. Auch magst du es möglicherweise nicht, dass dich andere als „sie" bezeichnen oder Freunde von dir dich als „Freundin" vorstellen. Du möchtest beim Shoppen Kleidung in der Jungsabteilung anprobieren und fühlst dich beim Sport in der Mädchenumkleide nicht wohl, weil du eigentlich ein Junge bist.

Weißt du, gerade wenn es um das Geschlecht geht, gibt es viele Normen. Vieles regelt sich automatisch durch die äußeren Umstände. Wenn dein Name oder dein Aussehen weiblich sind, wirst du automatisch dem weiblichen Geschlecht zugeordnet. Das Geschlecht ist aber keine Sache der Umstände, sondern eine des persönlichen Empfindens. Selbst, wenn du von außen häufig nur als Mädchen gesehen wirst, wer du bist und wie du dich in Sachen Geschlecht empfindest, ist ganz allein dein Ding.

Andere sehen dich oft nur von außen – als Mädchen!

Leider werden die individuellen Gefühle von anderen nicht immer berücksichtigt. Oft ordnen dich andere Menschen einem Geschlecht zu, das nicht dem entspricht, als das du dich fühlst. Denn sie orientieren sich an äußeren Umständen und wissen nicht, wie es in dir aussieht.

Mama, ich fühle mich wie ein Junge!

Was kannst du tun? Nun, auch wenn du andere erstmal verunsichern wirst, musst du keine Angst haben, dein Geschlecht auszuleben. Vielen Jugendlichen geht es genauso wie dir. Du bist also nicht alleine. Steh zu dir selbst und lebe dein Geschlecht. Und zwar so, wie es sich für dich richtig anfühlt. Wenn du Jungsklamotten tragen willst, ist das in Ordnung. Geschlecht umfasst nämlich viel mehr als nur körperliche Merkmale. Dein eigenes Erleben bestimmt deine Geschlechtsidentität ebenfalls.

Das führt dazu, dass du möglicherweise dein Erscheinungsbild ändern und andere Kleidung oder eine andere Frisur tragen möchtest. Zu deiner Geschlechtsidentität zu stehen, mag am Anfang nicht immer leicht sein. Vor allem, wenn du dich nach außen hin als Junge gibst. Es braucht jede Menge Mut, auszudrücken, wie du dich im Inneren fühlst. Vielleicht stößt du bei einigen Menschen auf Unverständnis. Aber der Schritt, so zu leben, wie du bist, ist befreiend. Außerdem hast du mittlerweile viele Möglichkeiten, um dein Aussehen, deinen Körper und dein Auftreten anzupassen. Du kannst deinen Namen ändern und dich später sogar für eine geschlechtsangleichende Operation entscheiden. Was du verändern willst, bleibt dir überlassen. Manche Menschen wollen sich einfach nur anders kleiden.

Bin ich trans? Wenn du als Mädchen in einem anderen Geschlecht leben willst als dem, das dir bei der Geburt zugeteilt wurde, dann bist du transsexuell. Du willst dich davon freimachen, was typisch für ein Mädchen ist. Deine Eltern und andere Menschen um dich herum haben Erwartungen, die du als Mädchen erfüllen sollst und die typisch für Mädchen sind. Aber du fühlst, dass du diese Vorstellungen nicht annehmen und ausleben willst. Denn du magst und fühlst andere Dinge. Dinge, die dich eher mit dem anderen Geschlecht identifizieren. Deshalb: Mach dich frei von Erwartungen, die deinen Vorstellungen nicht entsprechen. Wie du dich kleidest und ausdrückst, entscheidest du ganz alleine! Steh zu dir selbst und lebe dein gewähltes Geschlecht, wie es sich für dich richtig anfühlt.

Vielen Jugendlichen geht es genauso wie dir. Du bist nicht alleine!

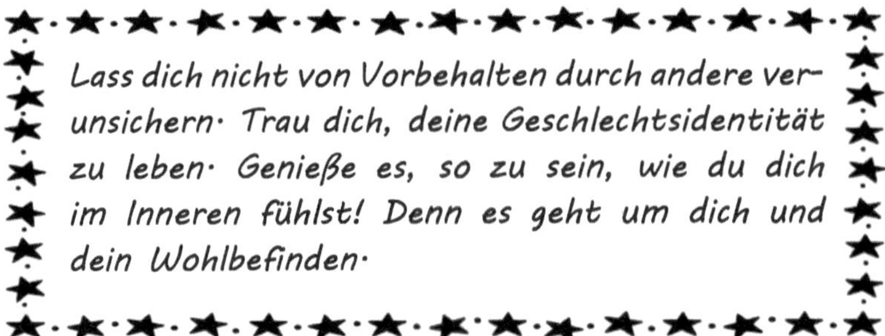

Ob du dich dein ganzes Leben wie ein Junge fühlst oder nur gegenwärtig, wirst du im Laufe der Zeit herausfinden· Du solltest deine Gefühle in jedem Fall ernst nehmen· Denn, wenn du nicht zeigen darfst, wer du bist, wirst du nur leiden·

Erlaube es dir, dich in deiner Geschlechtsidentität auszuprobieren, und bitte deine Eltern und Freunde um Hilfe und Unterstützung· Selbst, wenn du dich später für dein „altes" Geschlecht entscheidest, ist das okay·

Da der Wunsch, in einem Geschlecht zu leben, komplex ist und viele Fragen, Unsicherheiten und Ängste auslösen kann, solltest du Angebote und Räume in Anspruch nehmen, wo es um Transgender-Themen geht· Mittlerweile gibt es in vielen Städten eine Beratungsstelle oder Gruppe für trans-Jugendliche· Dort werden deine Sorgen Platz haben· Zudem lernst du andere trans-Kinder kennen und hörst ihre ermutigenden Geschichten·

Das erste Mal
Verhütung und Sex

Kleines Pubertätslexikon:

Safer Sex = *Maßnahmen, die das Risiko einer Ansteckung mit sexuell übertragbaren Krankheiten oder einer Schwangerschaft verringern*

Verhütung = *Methode, um etwas zu verhindern; in diesem Fall Schwangerschaft oder Krankheit; Kondome und die Pille sind z.B. geeignete Verhütungsmethoden*

Petting = *als Petting wird alles bezeichnet, was Menschen in sexueller Hinsicht miteinander machen können, ohne miteinander zu schlafen*

Hymen = *Jungfernhäutchen*

Höhepunkt = *der Höhepunkt der sexuellen Erregung*

Orgasmus = *anderes Wort für Höhepunkt*

Samenerguss = *wenn aus dem Penis des Jungen Sperma herauskommt*

In diesem Kapitel geht es um das spannendste Thema des Buches: das erste Mal, sprich Sex. Viele Jugendliche fiebern ihrem ersten Mal entgegen. Es ist etwas ganz Besonderes. Dennoch verunsichert das Thema. Du fragst dich: Was kommt auf mich zu? Und wie wird es sein? Wie fühlt es sich an? Wird es mir gefallen? Tue ich das Richtige?

Diese und andere Fragen schwirren nicht nur dir durch den Kopf. So geht es allen Jugendlichen, die noch keinen Sex hatten. Bevor diese Fragen erläutert werden, solltest du dir über eine Sache im Klaren sein: Du und nur du bestimmst, ob und wann du das erste Mal erleben willst. Lass dich nicht unter Druck setzen!

Auch wenn andere Mädchen und Jungs in deinem Alter schon Sex hatten, heißt das nicht, dass du das ebenfalls schon hinter dich gebracht haben musst. Du darfst immer Nein sagen. Und du musst nichts machen, was du nicht möchtest. Das Erlebnis soll schön sein und stattfinden, wenn du dazu bereit bist. Denn es wird deine erste sexuelle Erfahrung sein. An diese möchtest du dich sicher immer positiv erinnern.

Schäme und rechtfertige dich nicht, wenn du selbst mit 17 Jahren noch keinen Sex haben willst! Auch hast du das Recht, jedes sexuelle Erlebnis abzubrechen, wenn es dir vielleicht nicht so gefällt, wie du es dir vorgestellt hast. Nur, wenn für dich alles passt, du das Gefühl hast, dass du bereit bist, dann kannst du dich entspannen. Dann ist das der richtige Zeitpunkt, um deine ersten Erfahrungen zu erleben und zu genießen. Übrigens: keine Panik, wenn beim ersten Mal nicht alles reibungslos klappt. Pannen sind vollkommen normal. Und die Jungs sind meistens genauso unsicher und nervös wie du. Möglicherweise sogar noch nervöser als du.

Der richtige Zeitpunkt – gibt es den?

Du bist verliebt. Du hast ein Kribbeln im Bauch. Und dein Wunsch nach Nähe und Zärtlichkeit wird immer drängender. Bist du jetzt bereit für das erste Mal? Viele Mädchen fragen sich, wann der richtige Zeitpunkt gekommen ist. Zuallererst solltest du wissen, dass es den richtigen Zeitpunkt nicht gibt. Keine Situation ist perfekt, nur weil das Alter stimmt oder du Kerzen angezündet hast. Der richtige Zeitpunkt ist: Wenn du dazu bereit bist.

Sagt dir dein Bauchgefühl, dass du zum ersten Mal Sex haben sollst? Oder hast du eher ein mulmiges Gefühl? Glaubst du, dass du dich für deinen Freund verstellen musst? Denn eigentlich fühlst du, dass es für Sex noch zu früh ist. Dann mach dir keinen Druck. Selbst, wenn andere Mädchen in deinem Alter schon sexuelle Erfahrungen gesammelt haben, du darfst dir Zeit lassen. Das tun übrigens viele Jugendliche. Statistiken zeigen, dass die meisten Jungs und Mädchen erst im Alter von 17 oder 18 Jahren Sex haben. Viele Mädchen wünschen sich romantische Liebe und Treue. Sie möchten das erste Mal mit einem Jungen erleben, dem sie vertrauen. Und sie wollen sich wohlfühlen und den Sex genießen.

Aber wann ist es angemessen, Sex zu haben? Frage deine Eltern, besprich dich mit ihnen. Und rede mit deinen Freundinnen darüber. Welche Meinung haben sie zu diesem Thema? Und ganz wichtig: Wie fühlst du dich? Sei bitte ganz ehrlich mit dir. Nochmal: Du musst keinen Sex haben wollen, weil andere in deinem Alter schon Erfahrungen gemacht haben. Zudem solltest du mit keinem Jungen schlafen, der dich dazu drängt. Höre immer auf dein untrügliches Bauchgefühl.

Sobald du dich für Sex interessierst und einen festen Freund hast, mit dem du erste sexuelle Erfahrungen sammeln willst, solltest du dich mit Verhütung beschäftigen. Vor allem, wenn du schon deine Menstruation hast. Denn: Ohne Verhütung kannst du schwanger werden. Auch beim ersten Mal! In den nächsten Kapiteln wird dir erklärt, wie du Safer Sex haben kannst.

Alle anderen haben es schon getan, nur ich nicht! Wie lange soll ich warten? Alle anderen haben es schon getan, denkst du. Aber bist du dir da sicher? Wusstest du, dass viele Mädchen und Jungen erfahrener tun, als sie wirklich sind? Sie tun das, um cooler zu wirken. Aber Studien zeigen, dass viele Jugendliche vor ihrem 17. Lebensjahr keinen Sex hatten. Viele fühlen sich erst mit 15 oder 16 Jahren bereit dafür. Und fast alle wollen das erste Mal mit ihrem festen Partner erleben. Übrigens, erinnerst du dich an das vorherige Kapitel? **Sex ist gesetzlich erst ab 14 Jahren erlaubt.** Und Sex ist auch keine Pflicht. Nur, weil du in einer Beziehung bist, musst du nicht unbedingt mit deinem Freund schlafen. Sex ist kein Wettkampf, sondern eine ernste Angelegenheit. Du entscheidest! Steh dazu, wann du mit wem was machen willst und wann du Nein sagen möchtest. Lass dich niemals überreden. Selbst, wenn du verliebt bist.

Klischee oder Wahrheit: Wird das erste Mal wehtun?

Das erste Mal ist eine völlig neue Erfahrung. Und es gibt keine Garantie fürs Gelingen. Da viel passieren kann, gibt es auch viele Mythen rund um das Thema. Viele Mädchen behaupten, dass es wehtut, wenn man das erste Mal Sex hat. Das bereitet dir natürlich Sorgen. Vielleicht hast du deshalb Angst vor dem ersten Mal. Aber stimmt dieser Mythos auch? Tut das erste Mal weh? Nicht unbedingt. Jedenfalls nicht so, wie du dir vorstellst. Möglicherweise zwickt es etwas. Oder du verkrampfst und es fühlt sich dann nicht so schön an, wie du gedacht hast. Doch mache dir keinen Druck. Rede mit deinem Freund über diese Dinge, sodass er behutsam mit dir umgehen kann. Wenn es beim ersten Mal unangenehm werden sollte, kannst du ihn bitten, aufzuhören. Wichtig ist, dass ihr euch gegenseitig vertraut.

Nur dann könnt ihr beide das erste Mal genießen und euch dem anderen hingeben.

Habe auch ich ein Jungfernhäutchen? Und reißt das beim ersten Mal ein?

Das Hymen – so wird dein Jungfernhäutchen genannt – befindet sich kurz hinter dem Eingang deiner Vagina. Es ist eine Umrandung, ähnlich wie ein fester Vorhang, aber es ist nicht geschlossen. So kann während deiner Menstruation Blut ungehindert austreten.

Jedes Jungfernhäutchen ist anders. Es gibt diese dünnen Hautfalten in vielen verschiedenen Formen. Sie können ringförmig sein oder umrandet wie ein Kranz. Es gibt aber auch halbmond- oder siebförmige Hymen. Bei einigen Mädchen kann das Hymen über der Vaginalöffnung liegen. Einige Mädchen haben überhaupt kein Jungfernhäutchen. Sie kommen ohne zur Welt.

Das Jungfernhäutchen ist extrem elastisch, sodass es nicht unbedingt reißt, wenn du Geschlechtsverkehr hast. Dieser Mythos ist also falsch. Am Hymen lässt sich nicht erkennen, ob ein Mädchen schon Geschlechtsverkehr hatte. Daher ist die umgangssprachliche Bezeichnung Jungfernhäutchen ebenfalls falsch. Diese Bezeichnung basiert auf einer Annahme: Früher dachte man, dass das Hymen beim ersten Sex reißt und dann auch blutet. Und, dass Mädchen, die ein intaktes Hymen haben, noch unberührt, sprich Jungfrauen sind.

Aber wie gesagt, das stimmt nicht. Mittlerweile weiß man, dass das Hymen und die Vagina weich, dehnbar und flexibel sind. Sie können sich jeder Penisform anpassen und jeden Penis aufnehmen, egal, ob dieser klein oder groß ist. Das bedeutet, das Hymen kann beim ersten Mal verletzt werden, das muss aber nicht der Fall sein. Es kann auch intakt bleiben und niemals in deinem Leben reißen. Das ist sogar bei vielen Frauen so.

Das das Jungfernhäutchen reißt, wenn du das erste Mal Sex hast, ist falsch. Diese Gerüchte halten sich hartnäckig. Viele Mädchen haben Sex, ohne dass es reißt. Und selbst, wenn das Hymen verletzt werden sollte, was kein Regelfall ist, dann blutet es nicht immer. Etwa die Hälfte aller Mädchen bluten beim ersten Mal nicht! Und Schmerzen müssen ebenfalls nicht auftreten. Hab also keine Angst und glaube keinem Mythos.

- Das Hymen kann nicht so schnell reißen. Weder bei der Selbstbefriedigung noch mit einem Tampon oder beim Sport. Es übersteht meist alle sportlichen Bewegungen wie Reiten, Laufen, Schwimmen und Radfahren.

- Der Mythos, dass es wehtut oder blutet, wenn das Hymen reißt, ist falsch. Auch ist dieses bei jedem Mädchen anders geformt.

Was passiert beim ersten Mal?

Du möchtest wissen, was beim Sex genau passiert und was dich beim ersten Mal erwartet? Denkst du an diesen Moment mit Spannung, aber auch mit Unsicherheit? Du bist nicht das einzige Mädchen, das aufgeregt ist. Das ist ganz normal. Und Ängste und Unsicherheiten gehören dazu.

Wichtig ist, wenn du irgendwann dazu bereit bist, mit einem Jungen zu schlafen, dass du dir viel Zeit dafür lässt. Am besten ist es, wenn ihr beide ungestört an einem sicheren und schönen

Ort seid. Um dich und den anderen sexuell zu erregen, könnt ihr mit einem Vorspiel beginnen. Das erste Mal gelingt besser, wenn keine Gefahr besteht, dass euch jemand stört. Seid locker und geht mit der Sache Sex ungezwungen um. Je mehr ihr euch vertraut und fallen lassen könnt, desto besser wird es klappen. Fangt am besten damit an, euch ausgiebig zu küssen und zu streicheln. Gerade Mädchen genießen diesen Moment des Vorspiels. Alles läuft spielerisch ab und geschieht ohne Druck. Dann fällt es dem Jungen leichter, mit seinem Penis in deine Vagina einzudringen. Denn, wenn du ängstlich und angespannt bist, kann das Eindringen etwas schwierig oder unangenehm für dich sein. Wartet mit dem Sex, bis ihr beide sehr erregt seid. **Wann seid ihr erregt?** Wenn deine Vagina feucht wird und bei dem Jungen der Penis steif ist. Natürlich solltet ihr immer sanft und vorsichtig miteinander umgehen.

Übrigens, das Vorspiel, auch Petting genannt, ist etwas, das nicht immer zum Sex führen muss. Du kannst das Petting nutzen, um mit deinem Freund erste sexuelle Erfahrungen zu sammeln. Ihr lernt so den Körper und die erogenen Zonen des anderen kennen. Was genau das Petting beinhaltet, lernst du jetzt.

Was ist Petting?

Petting wird umgangssprachlich als Vorspiel oder Fummeln bezeichnet. Es ist ein Begriff, der das gegenseitige Liebkosen und Streicheln am ganzen Körper wie den Geschlechtsteilen umfasst. Und zwar mit Händen und Mund. Du kannst alles ausprobieren. Der einzige Unterschied zum Sex ist, dass der Penis nicht in die Vagina eingeführt wird. Wenn du dich mit deinem Freund gefühlvoll berührst, steigert das die Erregung. Es kann sein, dass der Penis deines Freundes steif und deine Vagina feucht wird. Das sind Voraussetzungen dafür, dass miteinander geschlafen werden kann.

Wusstest du, dass es unzählige Möglichkeiten gibt, sich sexuell durch das Petting näherzukommen? Du kannst dabei viele prickelnde und erotische Gefühle erleben. Und diese Empfindungen bereiten dich auf dein erstes Mal vor. Für Mädchen ist das Petting aber nicht nur ein schönes Vorspiel. Viele können durch das Petting zum Höhepunkt kommen. Den Höhepunkt, auch Orgasmus genannt, erreichen Mädchen nicht immer. Auch Jungs können durch Streicheln am Penis zum Orgasmus kommen. Bei ihnen kommt es beim Höhepunkt zum Samenerguss.

Was ist ein Orgasmus? Der Orgasmus oder auch Höhepunkt ist ein wunderschöner Moment. All deine Empfindungen und Gefühle steigern sich bis ins Extreme. Du bist so erregt, dass sich das körperlich entlädt. Deine Beckenmuskeln ziehen sich einmal oder mehrmals rhythmisch zusammen. Diese körperliche Entladung ist eine orgastische Entladung. Beim Jungen führt sie zum Samenerguss. Der Höhepunkt wird von Mädchen als höchst lustvoll empfunden. Oft muss man dabei stöhnen, weil es so toll ist. Und wie entsteht ein Orgasmus? Er entsteht, wenn die empfindsamen und empfindlichen Stellen deines Intimbereiches berührt werden. Das sind die Vulvalippen, die Klitoris und innerhalb der Vagina der G-Punkt (dieser lässt sich mit dem Finger erspüren). Wenn der Penis in die Vagina eindringt und sich rhythmisch hin und her bewegt, kannst du ebenfalls zum Höhepunkt kommen.

- Wenn du mit deinem Freund Petting hast, dann musst du eventuell verhüten. Und zwar, wenn ihr beide nackt aufeinander liegt und Sperma in deine Vagina gelangen könnte. Hab am besten immer ein Kondom parat. Denn Sperma sollte nicht in die Vagina gelangen, sonst kannst du schwanger werden.

- Petting ist liebevolles, inniges Küssen mit Mund und Zunge. Es umfasst auch das Streicheln der Geschlechtsorgane. Die Berührungen können besonders intensiv sein.

- Mädchen und Jungen können beim Petting zum Höhepunkt kommen.

Wo soll ich streicheln? Wo Petting besonders empfindsam ist!

Wie du jetzt weißt, gibt es einige Stellen an deinem Körper, die besonders sensibel reagieren. Sie werden deshalb als erogene Zonen bezeichnet. Dazu zählen die äußeren Geschlechtsorgane, sprich die Vulvalippen und die Kltoris, beim Jungen der Penis und der Hodensack. Aber auch die Brustwarzen, der Hals, die Ohren und die Innenseiten der Schenkel sind sehr sensibel und empfindsam. Denn an diesen Körperstellen befinden sich besonders viele Nerven.

Du kannst mit deinem Freund so lange Zärtlichkeiten austauschen, bis ihr gegenseitig so erregt seid, dass ihr zum Höhepunkt kommt. Bei Mädchen steigert sich die Erregung nach und nach. Bei einem Jungen geht es häufig schneller. Manchmal passiert es einem Jungen auch, dass er ungewollt einen Samenerguss hat.

Petting ist für dich und deinen Freund ideal, um erste gemeinsame sexuelle Erfahrungen zu machen und Vertrauen zu schaffen. Um sich körperlich kennenzulernen, ohne Sex zu haben. Lasst euch dabei viel Zeit. Entdecke, was dir gefällt, was du schön und lustvoll findest.

Wieso wird der Penis eines Jungen steif?

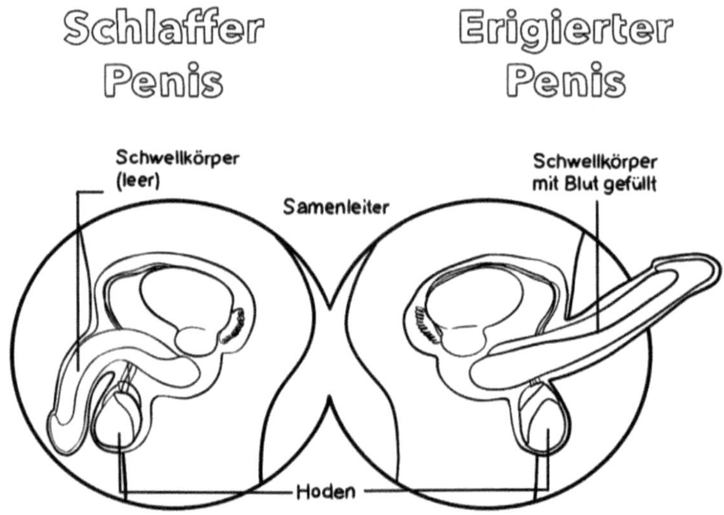

Im Alltag, wenn ein Junge nicht erregt ist, läuft er mit einem weichen, schlaffen Penis herum. Er baumelt dann gemütlich in seiner Unterhose. Aber wenn ein Junge Sex haben möchte oder einen Orgasmus erleben will, geht das nur, wenn der Penis fest ist. Denn ohne einen festen Penis lässt sich dieser nicht in die Vagina einführen. Man kann nur miteinander schlafen, wenn der Penis steif ist. Auch kommt ein Junge nur zum Samenerguss, wenn sein Penis anschwillt und sich mit Blut füllt. Und da sein Penis aus Schwellkörpern besteht, können diese prall werden. Der Penis vergrößert sich dann und wird länger. Ein steifer Penis von einem erwachsenen Mann hat etwa eine Länge von 13–14 Zentimetern oder mehr. Bei einem Jungen wächst der Penis während der Pubertät noch. Erst, wenn er 20 Jahre alt ist, ist der Penis ausgewachsen. Wenn du mit einem Jungen in deinem Alter Sex hast, wird sein Penis noch etwas kleiner sein. Er wird im Durchschnitt zwölf Zentimeter lang, wenn er steif ist.

- Der Penis wird mit Blut gefüllt und dadurch steif.

- Er richtet sich auf und kann dann in die Vagina eindringen.

Wie läuft Sex mit einem Jungen genau ab?

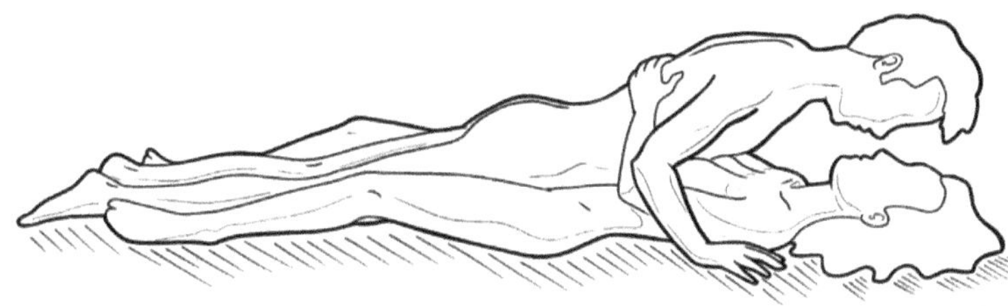

Es gibt keine 1:1-Anleitung, wie Sex richtig funktioniert. Wichtig ist, dass du nur tust, was du möchtest und dir nichts unangenehm ist oder dir Schmerzen bereitet. Wenn du Sex hast, dann ist es nicht so, dass du dich einfach ausziehst, hinlegst und bereit bist. Sowohl du als auch dein Partner müssen sich erst durch Küssen, Streicheln und zärtliche Berührungen stimulieren und in Erregung bringen. Erst dann sind die Voraussetzungen für Sex gegeben.

Denn, wie du gelernt hast, kann nur ein steifer Penis in eine feuchte Vagina eindringen. Den Jungen erregt es, wenn du vor dem Sex seinen Penis anfasst, reibst oder leckst. Du darfst ihn ruhig fragen, was ihm gefällt, und auch selbst mitteilen, wo du gerne gestreichelt und geküsst werden willst. Wenn der Penis steif ist, ist der Zeitpunkt gekommen, ein Kondom überzustreifen. Für Safer Sex ist Verhütung enorm wichtig. Wenn ihr beide noch unerfahren seid, ist es hilfreich, das Überstreifen des Kondoms zuvor an einem penisähnlichen Gegenstand zu üben. Das ist auf Anhieb nicht ganz einfach. Außerdem soll das Kondom richtig sitzen, damit nichts daneben geht und du nicht schwanger werden kannst.

Viele Paare schlafen in der Missionarsstellung miteinander. Diese bietet sich auch beim ersten Mal an. Der Junge liegt dabei auf dem Mädchen und dringt in dieser Position in die Vagina ein. Diese Stellung ist kein Muss. Manche Mädchen mögen es, wenn sie auf dem Jungen liegen oder sitzen. Ist der Penis vorsichtig in die Vagina eingedrungen, könnt ihr durch rhythmische Bewegung die Lust weiter steigern und zum Orgasmus kommen. Probiert aus, was euch gefällt.

Vielleicht laufen das erste Mal oder die ersten Male nicht perfekt ab. Dein Freund kann zu früh kommen (zum Höhepunkt kommen). Es kann zudem passieren, dass es im entscheidenden Moment nicht klappt, weil sein Penis wieder weich wird. Auch gelingt das Hineingleiten in die Vagina nicht immer sofort, weil der Junge nervös ist. Das ist aber normal und passiert vielen Jugendlichen. Diese Pannen gehören zum Sex dazu. Sie müssen dir und deinem Partner nicht peinlich sein.

- Manchmal kann es passieren, dass ein Mädchen vor dem Eindringen ängstlich wird oder sich nicht bereit fühlt. Dann verspannt sich die Muskulatur der Vagina. Der Junge kann nicht richtig eindringen. Ist das der Fall, hört ihr besser auf. Sonst kann es dir wehtun. Küsst und streichelt euch dann lieber eine Zeit lang zärtlich und probiert es ein anderes Mal.

Sex mit einem Mädchen haben

Wenn du homosexuell bist, willst du sicher wissen, wie Liebe, Sex und Partnerschaft mit einem Mädchen funktionieren. Du fragst dich, wie du mit einem anderen Mädchen flirten sollst, wie du ihr näher kommen kannst und wie es mit dem Sex ist. Zuerst hat die Art des Sex und des Flirtens nichts mit dem Geschlecht oder deiner Orientierung zu tun, sondern mit deiner Persönlichkeit. Wie du flirtest, hängt von dir und deiner Art ab. Sei einfach immer ganz natürlich.

Viele haben falsche Vorstellungen, wie es in lesbischen Beziehungen aussieht und wie der Sex abläuft. Das liegt meist an der Unwissenheit. Im Grunde genommen läuft alles so ab wie mit einem Jungen. Du kannst mit einem Mädchen Petting haben, es küssen und mit einem Mädchen „schlafen". Nur eben, dass ein Mädchen keinen Penis hat. Das ist der einzige Unterschied. Ihr könnt euch also gegenseitig streicheln, küssen oder auf andere Art sexuell erregen. Einige lesbische Paare nutzen auch Sexspielzeuge, aber das muss nicht sein. Besprecht am besten alles miteinander.

Natürlich werden deine ersten sexuellen Erfahrungen mit einem Mädchen von ein bisschen Unsicherheit begleitet. Aber vielleicht hilft es dir, daran zu denken, dass du als Mädchen den weiblichen Körper kennst und weißt, welche empfindsamen Stellen es gibt. Du musst also nicht viel lernen, wenn du mit einem Mädchen intim wirst. Frag sie aber, welche Berührungen sie besonders gern hat.

Selbstbefriedigung – das ist nichts Schlimmes!

In der Pubertät kannst du Lust bekommen, dich sexuell zu befriedigen und zu berühren. Mit der Selbstbefriedigung lässt sich dein weiblicher Körper erkunden und entdecken. Zudem findest du heraus, was dir gefällt. Du brauchst dich für diese Lust nicht schämen. Wie oft du dich selbst befriedigst, ist von Typ zu Typ, von Phase zu Phase unterschiedlich. Wichtig für dich ist zu wissen, dass Selbstbefriedigung nicht der Gesundheit schadet.

Wie läuft die Selbstbefriedigung ab? Die Selbstbefriedigung ist eine tolle Möglichkeit, deinen Körper zu entdecken. Du streichelst dich dabei selbst an der Brust, deinen Brustwarzen, an den Vulvalippen und deiner Klitoris. Du kannst damit für dich herausfinden, welche Stellen am Körper dich erregen und welche Berührungen dir gefallen. Möglicherweise bekommst du durch Streicheln und Berühren einen Orgasmus. Manche Mädchen machen es häufig, andere selten und wieder andere gar nicht. Jedes Mädchen hat ihre eigenen Bedürfnisse. Fest steht, dass die Selbstbefriedigung stets mit einem angenehmen Gefühl verbunden ist. Sie ist nicht gesundheitsschädlich. Du musst natürlich niemandem erzählen, dass du dich selbst befriedigst, auch wenn in der Schule darüber geredet wird. Aber schämen musst du dich nicht.

Wann wirst du schwanger? Achte auf die Verhütung!

Die Frage der Verhütung ist eine enorm wichtige Frage. Denn ohne sie kannst du leicht schwanger werden. Du solltest vor dem Sex mit deinem Partner entscheiden, welche Art von Verhütungsmittel für euch infrage kommt. Die beste Option ist das Kondom. Denn dieses schützt nicht nur vor einer Schwangerschaft, sondern zudem vor sexuell übertragbaren Krankheiten. Diese Infektionen und Krankheiten haben übrigens nichts mit deiner sexuellen Orientierung zu tun. Auch das Geschlecht oder die Hygiene spielen keine Rolle. Anstecken kann sich jeder, der ohne Verhütung

Sex hat! Denn du kannst nicht sehen, ob jemand eine Infektion hat. Oft weiß der andere das selbst nicht. Übrigens, nicht nur beim Sex, auch beim Petting machen Kondome Sinn.

- Dein Freund sollte sich für die Verhütung interessieren und sich mit dir zusammen darum kümmern.

- Die Pille ist zwar eine sichere Verhütungsmethode, aber sie hat viele Nachteile: Du kannst schnell vergessen, sie einzunehmen. Sie schützt nicht vor sexuellen Krankheiten, sie bringt deine Hormone durcheinander und kann sogar zu Depressionen führen. Zudem schützt die Pille nicht vor HIV/AIDS.

- Ein Kondom dagegen schützt sowohl vor einer Schwangerschaft als auch vor einer sexuell übertragbaren Infektion (Geschlechtskrankheit) und HIV. Außerdem ist das Kondom das einzige Verhütungsmittel, bei dem der Junge sich aktiv am Safer Sex beteiligt.

- Beim Sex kannst du dich schnell mit einer Infektion anstecken. Fast jeder ist im Laufe seines Lebens mindestens einmal davon betroffen. Deshalb bitte immer an die Verhütung denken.

- Safer Sex bezeichnet Sex mit Verhütung, um Schwangerschaft und Krankheiten zu verhindern. Auch wenn viele der Infektionen nicht schlimm sind oder keine großen Schmerzen verursachen, können sie unbehandelt langfristig deine Gesundheit schädigen.

- Es gibt rund 30 verschiedene sexuell übertragbare Infektionen.

- Die Krankheitserreger können in deinen Körper gelangen, wenn du in Kontakt mit Sperma, Scheidenflüssigkeit, Menstruationsblut, Schleimhäuten im Inneren der Vagina oder dem Penis kommst. Manchmal reichen schon winzige Mengen aus, die über eine verletzte Hautstelle oder über Schleimhäute von Penis und Vagina übertragen werden.

- Wenn dein Partner dich mit dem Mund an intimen Stellen wie deiner Vagina liebkost, braucht ihr keine Verhütung. Auch wenn du ein bisschen Sperma in den Mund bekommst, musst du dir keine Gedanken machen. Das Übertragungsrisiko von Infektionen ist sehr gering, wenn Körperflüssigkeit in den Mund gelangt.

Fruchtbare Tage: Wie du sie erkennst

Etwa in der Mitte des Menstruationszyklus, so um den zwölften bis 14. Tag nach deiner letzten Periode, wird eine Eizelle aus einem der Eierstöcke abgegeben. Diese ist danach 24 Stunden lebensfähig und steht in der Gebärmutter zur Befruchtung bereit. Wenn du an diesem Tag ungeschützten Geschlechtsverkehr hast, ist es sehr wahrscheinlich, dass du schwanger wirst.

Die Wahrscheinlichkeit einer Schwangerschaft ist also um den Eisprung herum am größten. Auch die Tage vor dem Eisprung sind kritisch. Denn die Samenzellen können mehrere Tage in deinem Körper überleben.

Deine fruchtbaren Tage lassen sich voraussehen, sobald sich die Menstruation bei dir eingependelt hat. Aber Vorsicht, auch wenn du die fruchtbaren Tage per App oder mit der Temperaturmessung bestimmen oder ausrechnen kannst, ist das keine sichere Verhütungsmethode! Viele Mädchen werden dadurch ungewollt schwanger. Denn pro Samenerguss machen sich bis zu 400 Millionen Spermien auf in Richtung Eizelle, um diese zu befruchten. Zwar sterben die meisten Spermien ab, aber der Teil, der überlebt, kann bis zu sieben Tage lang befruchtungsfähig sein. Selbst Geschlechtsverkehr während der Menstruation kann bei einigen Mädchen, die einen kurzen Zyklus haben, zu einer Schwangerschaft führen. Auch das Rausziehen des Penis vor dem Orgasmus ist keine sichere Verhütungsmethode! Da kann immer etwas aus dem Penis austreten, ohne dass du oder dein Partner es bemerken.

Wie du erkennen kannst, ob du in deiner fruchtbaren Phase bist? Das geht anhand bestimmter körperlicher Zeichen. Wenn dein Körper für die Empfängnis bereit ist, bedarf es der Bestimmung von drei Körpersignalen: deiner Körpertemperatur, der Analyse deines Schleimes und einem Tastbefund des Muttermundes.

Alle reden dauernd von Sex, muss ich mich dafür interessieren? Nein, das musst du nicht. Für viele spielt Sex oder Romantik mal weniger, mal mehr eine Rolle. Wenn du im Moment keine oder wenig Lust hast, dich mit Sex zu befassen, ist das in Ordnung. Du darfst „keinen Bock auf Sex" haben. Und wenn du keine sexuelle Anziehung zu Jungen oder Mädchen spürst, ist das in Ordnung. Es gibt sogar Menschen, die ihr ganzes Leben lang keine romantische oder sexuelle Anziehung zu anderen Menschen empfinden. Sie leben asexuell.

NEIN SAGEN - UNBEDINGT!
NEIN
STOP

Kleines Pubertätslexikon:

sexueller Missbrauch = *sexuelle Handlungen, die gegen deinen Willen vorgenommen werden oder denen du nicht zustimmen kannst*
sexuelle Belästigung = *wenn jemand deine Grenzen überschreitet, dich mit körperlichen Berührungen belästigt, oder mit dem was er sagt*
Übergriffe = *Handlungen, gegen die du dich nicht wehren kannst*
Selbstbewusstsein = *wissen wer du bist, was für Eigenheiten, Stärken und Schwächen du hast*

Ein Thema, mit dem du dich befassen musst und das leider gar nicht schön ist, ist sexuelle Belästigung. Mit deinen ersten sexuellen Erfahrungen kann es auch zu unschönen Erlebnissen kommen. Viele Mädchen in deinem Alter wurden schon einmal begrapscht oder sexuell belästigt. Es gibt immer wieder Jungs, die, wenn sie mit dir intim werden, dich zu etwas drängen wollen. Manche wollen dich durch Androhung von Gewalt zum Petting oder Sex zwingen. Du solltest wissen, wie du in solchen Situationen handeln und dich schützen kannst. Denn Vergewaltigung ist leider noch immer ein Thema in unserer Gesellschaft. Natürlich muss dir nichts davon passieren. Aber es ist gut, vorbereitet und aufgeklärt zu sein. Denn schon ein handgreifliches Vergehen von deinem Freund (oder einer anderen Person) oder eine Manipulation können bei dir ein Trauma auslösen und dir dein behutsam aufgebautes Intimleben verderben.

Sexuelle Gewalt fängt bereits an, wenn ein Junge ein Mädchen zu etwas drängt oder versucht, mit Druckmitteln etwas zu erzwingen. Auch subtile Drohungen sind gewaltvoll. Wenn dich jemand gegen deinen Willen an den Brüsten, am Po oder den Geschlechtsteilen anfasst, ist das ein sexueller Übergriff. Auch, wenn dich jemand dazu auffordert, anderen beim Sex zuzuschauen, ist das sexuelle Gewalt.

Da viele Jugendliche heute mit dem Smartphone unterwegs sind und die virtuellen Chats und Social-Media-Kanäle nutzen, kann sexuelle Gewalt online stattfinden. Dich kann zum Beispiel jemand mit pornografischen Bildern belästigen.

Deshalb musst du es dir zur Aufgabe machen, Nein zu sagen. Das kannst du lernen. Sicher ist es nicht immer einfach, dem Gruppendruck deiner Freunde standzuhalten, aber lasse dich auf nichts ein, das du nicht willst. Wenn du möglichst rasch Sex haben willst, weil andere schon Erfahrungen gemacht haben und dich damit hänseln, kann dich das im Nachhinein stark belasten. Wenn du liebesbedürftig bist oder die Aufmerksamkeit von älteren Jungen suchst, achte darauf, welche Interessen sie wirklich haben. Berate dich mit deinen Eltern oder deinen Freundinnen darüber und höre immer auf dein untrügliches Bauchgefühl.

Stärke dein Selbstbewusstsein und Selbstvertrauen

In der Pubertät geht vieles drunter und drüber. Dass du dich zwischendurch mal nicht wohlfühlst, ist völlig normal. Versuche aber, dich so anzunehmen, wie du bist. Lass dich nicht verunsichern, wenn mal etwas nicht so klappt, wie du es gerne hättest. Es ist wichtig, dass du dich selbst liebst. Besonders, weil du so viele Veränderungen durchmachst, solltest du gut zu dir sein. Du bist nicht weniger wert als zuvor oder als andere. Vertraue deinen Stärken. Das ist ein wichtiger Punkt, um selbstbewusster zu werden. Das bedeutet, dass du zu deinen Meinungen und Bedürfnissen stehst und ausdrückst, was dir wichtig ist. Baue auf deine Fähigkeiten, davon hast du sicher ganz viele. Sei es in der Schule, im Sport oder mit Freunden, lass deine Talente aufblühen. Wenn du zum Beispiel gut im Streitschlichten bist, dann ist das eine wunderbare Eigenschaft, die dich einzigartig macht.

Merke dir: Deine eigene Meinung zu vertreten und dich durchsetzen zu können, sind Eigenschaften einer selbstbewussten Person. Sie stärken dich und helfen dir durchs Leben. Verstecke deine Ansichten nicht vor deinen Freunden oder deiner Familie. Deine Meinung ist wichtig und sorgt dafür, dass die Welt ein Stück bunter und verantwortungsvoller ist. Du musst nicht schweigen, wenn du anderer Meinung bist. Und dein Mut, zu sagen, was du denkst, wird früher oder später belohnt.

Suche Sicherheit und Hilfe bei anderen!

Wenn dein Selbstbewusstsein einmal am Boden ist, du dich hilflos fühlst oder keinen Mut hast, alleine gegen etwas anzugehen, dann suche dir Hilfe und Sicherheit bei anderen. Du musst die Dinge nicht mit dir alleine ausmachen. Selbst, wenn du das manchmal glaubst. Vergiss das alte Sprichwort: Schweigen ist Gold. Das Gegenteil ist der Fall! Schweigen bringt leiden.

Wer oder was hilft dir, wenn du ein Problem hast? Male oder schreibe dir auf, wer oder was dir helfen würde, wenn du in einer verzwickten Situation steckst. Du darfst dafür deine Fantasie zu Hilfe nehmen und Fantasiefiguren malen oder aufschreiben. Es geht nicht darum, nur realistisch zu sein. Dich zu fragen, was oder wer dir helfen könnte, ist eine wunderbare Art, mit dir ins Gespräch zu kommen und von dir zu erzählen. Zudem erinnerst du dich daran, wer oder was dir in der Vergangenheit geholfen hat, wenn du ein schwieriges Problem hattest. Vielleicht war es dein Papa, eine Freundin, deine Oma oder dein Haustier. Vielleicht hat es dir geholfen, dich abzulenken.

Frage dich, wie deine Eltern, Großeltern und Geschwister um Hilfe fragen und wie oder durch wen sie Hilfe bekommen. Du kannst sie auch direkt danach fragen.

Was ist denn mit Grenzen setzen gemeint?

Lerne, Grenzen zu setzen. Denn allzu oft werden diese von anderen überschritten. Und zwar nicht nur im sexuellen Bereich. Wenn dir etwas zu schnell geht, du dich bei etwas nicht wohlfühlst oder das Gefühl hast, dass es nicht in Ordnung war, was jemand zu dir gesagt hat, dann wurde eine Grenze überschritten. Du solltest das mit der Person besprechen und ihr sagen, dass deine Grenzen übertreten wurden. Formuliere immer so klar wie möglich. Drücke aus, was du gerade brauchst, magst oder nicht magst. In den meisten Fällen war es der Person nicht bewusst, dass sie zu weit gegangen ist. Sie wird in Zukunft deine Grenzen respektieren. Wenn du allerdings schweigst und deine Grenzen nicht verteidigst, wird die Person sie in Zukunft weiter überschreiten. Du bist der Person dann schutzlos ausgeliefert. Deswegen ist es wichtig, dass du deine eigenen Grenzen kennst.

Wie kann ich meine Grenzen klar formulieren? Hier geben wir dir ein paar Hilfssätze an die Hand:

- *„Jetzt bist du mir zu weit gegangen."*

- *„Ich will das so nicht, das ist mir unangenehm."*

- *„Es ist nicht in Ordnung, wenn du das tust oder sagst.*

- *„Lass das bitte und mach das nicht wieder."*

- *„Du … ich weiß, du meinst es gut … aber hier geht es mir viel zu schnell, so gut kennen wir uns doch nicht."*

Wenn das nicht funktioniert, musst du etwas nachdrücklicher werden und dich verteidigen. Dann kannst du Folgendes sagen: *„Pass auf, wenn du das noch einmal machst, bekommst du ein ernsthaftes Problem mit mir."*

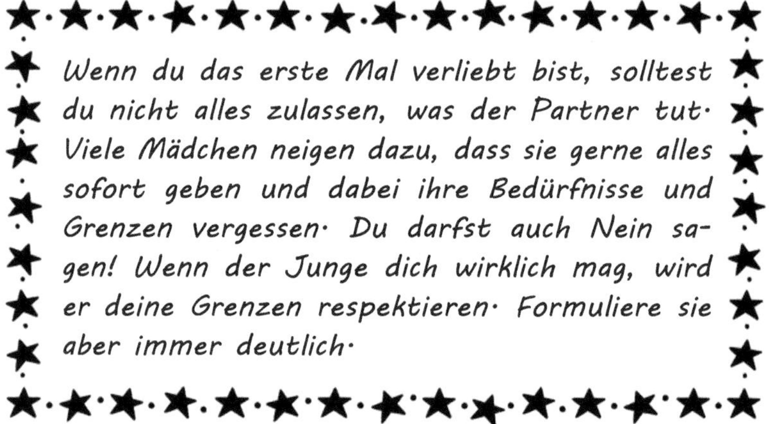

Wann werden meine Grenzen überschritten? Wann deine Grenzen überschritten werden, hängt von dir ab. Denn du weißt, was für dich okay ist, wie weit du in einer Beziehung oder Freundschaft gehen willst, was du magst und akzeptierst. Wenn aber jemand deine Gefühle, Meinungen, Wünsche und Bedürfnisse nicht respektiert oder dir droht, überschreitet er deine Grenzen. Das setzt dich unter Druck und verletzt dich. Sprichst du es an und die Person tut das weiterhin, obwohl du klar ausgedrückt hast, dass das zu weit geht, dann solltest du dich fragen, ob du weiterhin eine Freundschaft oder Kontakt mit dieser

Person haben möchtest. Wenn du in einer Beziehung bist und klar gemacht hast, was du nicht magst, und dein Freund das nicht akzeptiert, ist es vielleicht gut, Abstand zu nehmen oder die Beziehung zu beenden.

Hier ein paar Ideen für dich, was in Freundschaften und Beziehungen in Ordnung ist. Im Anschluss lernst du, was nicht geht und wo Grenzen überschritten werden.

In Ordnung:

- Offen miteinander sprechen
- Ehrlich zueinander sein
- Die Grenzen des anderen akzeptieren
- Rücksicht aufeinander nehmen
- Gefühle und Wünsche des anderen akzeptieren, respektieren und ernstnehmen
- Nein sagen dürfen

Nicht in Ordnung:

- die Wünsche und Bedürfnisse des anderen nicht akzeptieren
- Druck ausüben
- jemandem drohen oder ein schlechtes Gewissen machen
- Grenzen überschreiten
- ein Nein ignorieren oder überhören
- Dinge tun, die dem anderen nicht gefallen
- unerwünschte Berührungen
- respektlos sein oder handeln

Tipp: Wenn du mehr über Grenzen setzen und Grenzüberschreitungen lernen und wissen möchtest, dann sieh dich mal im Netz auf www.was-geht-zu-weit.de um.

Du darfst immer Nein sagen!

Nein sagen dürfen! Ja, das fällt vielen schwer. Selbst Erwachsene scheuen sich oft, dieses Wort auszusprechen. Einige verbannen es sogar aus ihrem Wortschatz. Denn sie haben Angst, dass sie andere Menschen enttäuschen, wenn sie etwas verneinen. Doch auch, wenn andere Leute von dir erwarten, dass du etwas tust, was du nicht willst, so geht es beim Nein-Sagen um dich. Und nicht darum, die anderen nicht zu enttäuschen. Du kannst es nicht allen recht machen und du solltest deine Grenzen nicht überschreiten lassen. Wenn du mal darüber nachdenkst, wird dir auffallen, dass viele Leute um dich herum zu dir Nein sagen. Deshalb hast du sie nicht weniger lieb. Selbst, wenn du im Moment des Neins manchmal enttäuscht oder traurig bist.

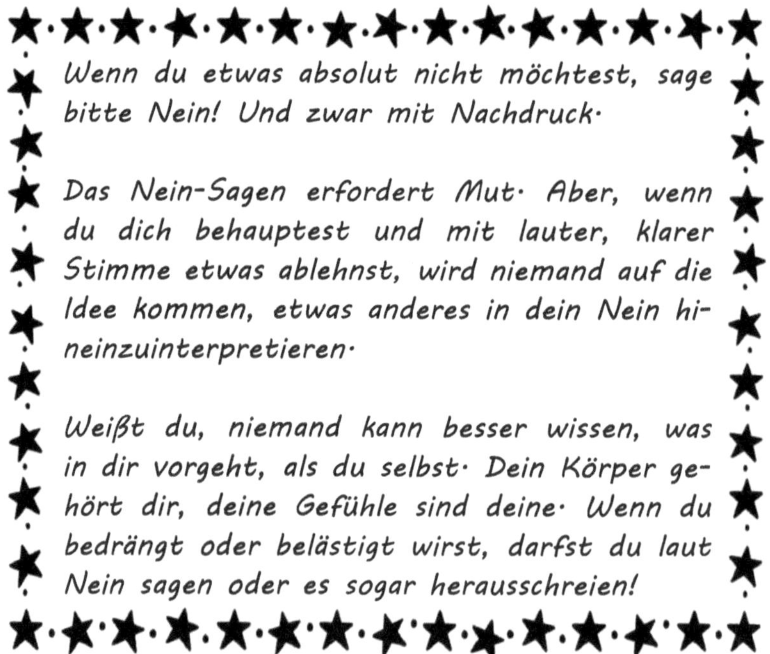

Übungen für das NEIN!

FÄLLT ES DIR SCHWER, NEIN ZU SAGEN? DANN KANNST DU LERNEN, NEIN ZU SAGEN! DAFÜR GIBT ES VERSCHIEDENE ÜBUNGEN.

1. **Bei der ersten Übung brauchst du ein paar Mitspieler**. Das können Freunde oder deine Familie sein. Ihr stellt euch zuerst alle im Kreis auf. Danach sagt jeder der Reihe nach zu seinem Nachbarn einfach Nein. Dabei schaust du der Person direkt in die Augen. Anschließend dreht sich dein Nachbar zum nächsten Nachbarn um, und sagt ebenfalls Nein. Das ist eine simple, aber effektive Übung. Manchmal kann es bei der Nein-Runde passieren, dass jemand lachen muss oder einfach kein Nein herausbringt. Das ist ganz normal. Lasst euch in der Runde Zeit. Manchmal muss man jemanden überspringen. Wenn ihr die Runde mehrmals durchgespielt habt, ist es sinnvoll, nach Lösungen zu suchen. Stellt euch gegenseitig die Frage: „Was oder wer würde dir in Zukunft helfen, Nein zu sagen?" Sammelt die Antworten, schreibt sie auf. Du wirst sehen, dass es viele Möglichkeiten gibt, Nein zu sagen.

2. **Eine weitere Übung ist**, über dein Problem, nicht Nein sagen zu können, zu sprechen. Das kannst du mit einer Vertrauensperson aus der Familie oder mit Freunden tun. Sprich darüber, warum es für dich so schwierig ist, etwas zu verneinen. Darüber zu sprechen, stärkt und gibt dir gleichzeitig Informationen über die Gründe. Jeder Mensch hat das Recht, Nein zu sagen. Besonders dann, wenn deine persönlichen Grenzen verletzt werden und du so berührt wirst, wie du es nicht willst.

3. **Die dritte Übung** ist eine Übung, die du alleine durchführen kannst. Sie beginnt mit ein paar Fragen, die du

dir selbst stellst: Warum ist es so schwer für dich, Nein zu sagen? Was sind deine Ängste? Wovor fürchtest du dich? Was denkst du, passiert, wenn du mal Nein sagst? Wie geht es dir, wenn du ein Nein von anderen hörst? In welcher Situation fällt es dir leichter, Nein zu sagen? (Möglicherweise sind es auch Personen, denen du leichter gegenübertreten kannst.) Warum glaubst du, ist das so?

Notiere dir die Antworten und schreibe auf, was du brauchst, damit du ein Nein aussprechen kannst. Frage dich, was dir in Zukunft helfen kann, Nein zu sagen.

Es ist in Ordnung, dass du fühlst, was du fühlst!

Es ist in Ordnung, dass du fühlst, was du fühlst. Es ist Teil deiner Natur, dass du wechselnde Stimmungen und eigene Wünsche und Bedürfnisse hast. Dass du manche Dinge nicht magst, ist ebenfalls Teil deiner Persönlichkeit. Deshalb musst du dich nicht schlecht fühlen oder es dir peinlich sein. Natürlich solltest du die Grenzen deiner Mitmenschen akzeptieren. Doch sie sollten auch deine Bedürfnisse ernst nehmen! Deine Aufgabe ist es, für dich und dein Wohl zu sorgen. Und dich mit all deinen Gefühlen anzunehmen. Du musst dich um dich selbst kümmern, damit du körperlich und emotional stabil bist. Dann kannst du leicht Nein sagen. Das bedeutet, dass du deine eigenen Grenzen kennst und diese einforderst, wenn jemand sie überschreitet.

Das Selbstwertgefühl ist die Basis für dein Wohlbefinden. Um dieses zu stärken, solltest du die Dinge, die du an dir nicht magst, akzeptieren. Beobachte dich im Alltag. Entdecke, wo du dich selbst runtermachst. Fange an, diese negativen Gedanken weniger ernst zu nehmen. Wenn du dich akzeptierst und selbst aufbaust, wirst du jeden Sturm überleben. Mach dir keine Vorwürfe, wenn du dich mal schlecht fühlst oder du niedergeschlagen bist. Und bedenke: In bestimmten Situationen ist es völlig in Ordnung, dass du dich schlecht fühlst. Das ist sogar ein wertvoller Schutzmechanismus. Oder besser ausgedrückt, ein Alarmsystem, das dir sagt: „Achtung, meine Grenzen wurden überschritten!"

Wenn andere dir sagen, dass es nicht in Ordnung ist, was du fühlst oder denkst, dann sagen sie dir indirekt, dass etwas nicht mit dir stimmt oder du diese Gefühle nicht haben solltest. Erinnerst du dich? Das ist eine Grenzüberschreitung. Sie respektieren deine Gefühle nicht.

Schütze dich! Vor Missbrauch, Übergriffen und Gewalt

Dein Motto sollte sein: ausweichen, abhauen, aufpassen, aufschieben, ablenken und anrufen! Diese Dinge helfen dir, die Gefahr zu verringern, Opfer von Gewalt zu werden.

Sobald für dich die Zeit beginnt, wo du dich mit Freundinnen abends triffst und länger wegbleibst – und sogar in die Disco gehst –, solltest du auf dich aufpassen. Natürlich musst du nicht die ganze Zeit in Alarmstimmung sein. Du darfst Spaß haben. Stelle aber Regeln für dich auf und treffe klare Absprachen mit deinen Eltern. Sag ihnen immer Bescheid, wo du hingehst und wie lange du dort bleibst. Fahre nachts nicht alleine nach Hause, sondern immer mit einem Freund oder einer Freundin. Vielleicht können eure Eltern ein „Eltern-Taxi" organisieren. Mache dir bewusst, dass jeder Mensch ein Täter sein kann. Das soll dich nicht verängstigen, sondern zur Vorsicht anregen und auf Gefahren aufmerksam machen.

Was du wissen solltest, wenn du alleine unterwegs bist:

- keine Geschenke von fremden Leuten annehmen

- niemals mit fremden Leuten mitgehen

- niemals in ein fremdes Auto einsteigen

- Wenn du alleine unterwegs bist, meide einsame Wege und Plätze.

- Wenn dich jemand verfolgt, flüchte auf eine belebte Straße und hole bei einem Erwachsenen Hilfe.

- Lasse keine fremde Person in die Wohnung oder das Haus.

- Gib niemandem Fremdes per Telefon oder im Internet Auskunft über Privates.

Um dich vor Missbrauch und Übergriffen zu schützen, zum Beispiel, wenn jemand eine Grenze überschritten hat, solltest du dich wehren, so gut es geht. Versuche auch, dich an eine Vertrauensperson zu wenden. Vielleicht sind das deine Eltern oder deine beste Freundin, dein bester Freund oder dein großer Bruder oder deine große Schwester. Außerdem gibt es spezielle Beratungsstellen, bei denen du alleine oder mit der Person deines Vertrauens Hilfe bekommst.

Sexuelle Gewalt, Missbrauch, Übergriffe und körperliche Gewalt wie eine Ohrfeige können bei dir im Freundeskreis oder in deiner eigenen Familie vorkommen. Auch wenn deine Eltern manchmal überfordert sind oder du etwas gemacht hast, das ihnen Angst bereitet hat, dürfen sie dich nicht demütigen oder dir Schaden zufügen. Jede Ohrfeige ist eine Gewaltanwendung. Und sie ist gesetzlich verboten. Deine Eltern oder Großeltern dürfen dir keine Gewalt antun. Sie dürfen weder mit der bloßen Hand Ohrfeigen geben noch fest zupacken, dich festhalten oder festgurten. Fesseln oder Einsperren ist ebenso falsch und unzulässig.

Selbstverständlich können Worte wehtun und gewaltvoll sein! Deine Eltern, deine Freunde, niemand darf mit dir reden, wie er will. Wenn dich jemand körperlich verletzt, dich sexuell bedrängt, missbraucht oder übergriffig wird, dann ist es ganz wichtig, dass du weißt, dass du keine Schuld daran hast. Allein der Täter macht sich schuldig. Dein Körper gehört dir und niemand hat das Recht, dich zu irgendwelchen Handlungen zu zwingen. Du und nur du entscheidest, wer dich wie anfassen darf. Du bestimmst, mit wem du welche Berührungen austauschen willst oder nicht. Und du hast das Recht, Nein zu sagen.

- Falls du Gewalt erleben solltest, musst du dir unbedingt Hilfe holen. Wende dich an eine erwachsene Person, der du vertraust. Das können deine Eltern, deine Freunde, deine Großeltern sein. Aber auch ein Lehrer von dir oder eine Sozialarbeiterin/Beratungsstelle kann helfen.

- Hast du ein Geheimnis, das dir Angst macht? Oder du machst dir Sorgen um jemanden anderen? Sprich unbedingt mit deinen Eltern oder jemand Erwachsenen darüber.

- Soforthilfe per Telefon bekommst du in der Zentralen Anlaufstelle für sexuellen Kindesmissbrauch unter 0800 22 55 530 (kostenfrei) oder auf der Webseite www.beauftragter-missbrauch.de.

- Auf www.jugend.bke-beratung.de kannst du dir Rat und Unterstützung von erfahrenen Fachkräften holen.

- Das Kinder- und Jugendtelefon für alle Sorgen und Probleme ist unter der Rufnummer 116111 erreichbar. Speichere dir diese Nummern auch in dein Handy ein.

- Eine Online-Anlaufstelle für Jugendliche und Kinder, die sexuell bedroht oder belästigt werden ist www.nina-info.de/save-me-online.html.

Was ist Gewalt? Gewalt kann körperlich oder psychisch sein. Lästern, Beleidigungen, eine Ausgrenzung oder Schimpfwörter sind gewaltvoll. Gewalt lässt sich gegen andere oder sich selbst ausüben. Gewalt findet auch in der virtuellen Welt im Internet statt. Gewalttätig können vertraute Personen oder Fremde sein.

Das Coole am Erwachsenwerden

Die Pubertät ist nicht nur ätzend. Sie hat viele positive Seiten. Du wächst zu einem coolen Erwachsenen heran. Du veränderst dein Aussehen, aber auch deine Wertvorstellungen, Gefühle und Weltansichten. Neben der Identitätsfindung fängst du an, dich vom Elternhaus abzulösen und dich an Gleichaltrigen zu orientieren. Du bist immer mehr außer Haus unterwegs und genießt zunehmend deine Freiheiten.

Du lernst, unabhängig und selbstständig zu werden. Vielleicht fängst du an, dich für Politik, Klimaschutz, Umweltschutz, Tierschutz oder andere wichtige Themen zu interessieren. Du trägst deine Persönlichkeit nach außen und unterstreichst diese mit einem bestimmten Styling und Outfit. Vielleicht hast du Lust, dich in verschiedenen Bereichen deines Lebens auszuprobieren. Egal, was es ist, lebe alle Phasen aus. Es ist der Moment in deinem Leben, wo du herausfindest, wer du als Erwachsener sein möchtest und welche Werte du vertreten wirst. Dieser Moment der Selbstfindung ist spannend und aufregend. Denn theoretisch ist alles möglich.

Erfüllende Sport- und Freizeitaktivitäten

Warum sind Sport- und Freizeitbeschäftigungen wichtig für dich? Sie unterstützen dich in deiner Entwicklung und sorgen im Alltag für Abwechslung. Auch helfen sie dir, deine Gefühle auszubalancieren und dich zu erden. Sie bringen Spaß in dein Leben. Denn das Leben besteht nicht nur aus Schule, Hausaufgaben und Lernen. Und wenn du keinen Ausgleich schaffst, fühlst du dich schnell schlapp. Aufgrund der vielen Umbaubereiche in deinem Körper fehlt es dir dann schnell an Kraft. Deshalb: Regelmäßige Bewegung in der Pubertät tut gut! Wenn du Sport treibst, stärkt das deine Gesundheit und lässt dich auf geistiger Ebene gut fühlen. Sport stärkt zudem dein Körperbewusstsein. Und, wie du jetzt weißt, ist dieses in der Pubertät oft nicht richtig greifbar. Finde also Freude an der Bewegung.

- In der Pubertät spielt vieles in deinem Körper verrückt. Da kommt Sport oft zu kurz. Dabei ist gerade jetzt Sport extrem wichtig für dich. Denn er spielt eine wichtige Rolle bei der Kontrolle deiner starken Emotionen und hilft zudem, Stress abzubauen. Du wirst sehen, nach jeder sportlichen Aktivität fühlst du dich positiv und glücklich. Gleichzeitig verbessern sich deine Fitness, Kraft und Ausdauer.

- Sport fördert deine sozialen Kompetenzen. Er stellt zudem Kontakt zu Gleichaltrigen her. So lernst du besser mit Erfolg und Niederlagen umzugehen.

Wusstest du, dass du auch längerfristig vom Sport profitierst? Wissenschaftler haben herausgefunden, dass regelmäßiges Sporttreiben in der Pubertät das Risiko für spätere Herz- und Kreislaufkrankheiten senkt. Ist das nicht toll? Zudem förderst du durch den Sport dein Knochenwachstum und erhöhst die Knochendichte. Das ist ungemein wichtig. Sonst leidest du später im Alter an Knochenkrankheiten. Es stimmt also wirklich, wenn deine Eltern dir das sagen!

Dass deine Psyche in der Pubertät manchmal durchdreht und du deine Emotionen nicht mehr kontrollieren kannst, lässt sich nicht zu 100 Prozent vermeiden. Aber durch Sport kommen diese weniger zum Vorschein. Denn Sport macht Spaß und bietet dir die Möglichkeit, dich auszutoben. Du kannst also all deinen Frust und deine Wut auf diese Weise rauslassen. Welcher Sport es sein soll, das darfst du entscheiden. Ob Mannschaftssport, Yoga,

Schwimmen oder ein anderes Training, du wirst auf jeden Fall zufriedener mit dir und deinem Körper sein als andere Jugendliche, die keinen Sport treiben. Alles, was Spaß, Abwechslung und Ausgleich in deinen Alltag bringt, ist erlaubt. Und es gibt unglaublich viele verschiedene Sportarten und Freizeitaktivitäten. Da wirst du garantiert das Passende finden.

Im Folgenden erhältst du ein paar Ideen mit auf den Weg:

Für welchen Sport du dich letztendlich entscheidest, ist nicht so wichtig. Wichtig ist, dass es dir Spaß macht und du etwas wählst, dass du gerne tust. Manche Mädchen in deinem Alter bevorzugen Teamsport wie Handball, Volleyball, Fußball, Basketball oder Tischtennis. Dort geht es um weit mehr als um Sport. Denn menschliche Werte, Stärke, Ausdauer, Durchsetzungsvermögen, Teamgeist und Zusammenhalt stehen ebenfalls auf dem Programm. Andere Mädchen üben lieber alleine Sport aus und gehen Joggen, Schwimmen oder Rennradfahren. Vielleicht bist auch du gerne an der frischen Luft und in der Natur und könntest dir Sport im Freien vorstellen, um den Kopf freizukriegen.

Wähle auf jeden Fall eine Sportart aus, die dich motiviert. Wie viel Bewegung soll es pro Woche sein? Es gibt kein Universalrezept, was Sport angeht. Aber es gibt Empfehlungen, an denen du dich orientieren kannst. Die Weltgesundheitsorganisation (WHO) empfiehlt allen Kindern und Jugendlichen, sich einmal am Tag rund eine Stunde zu bewegen. Natürlich wirst du es nicht schaffen, jeden Tag eine Stunde Sport zu machen. Aber du kannst diese Stunde mit Aktivitäten füllen, die nicht unbedingt im Sitzen stattfinden. Statt also vor dem Computer abzuhängen oder mit dem Smartphone zu spielen, kannst du die Zeit nutzen, um mit dem Fahrrad zur Schule zu fahren, zu Fuß zur besten Freundin laufen oder du machst einen Spaziergang mit deinem Hund. Ebenso kannst du deine Energie rauslassen, indem du wild in deinem Zimmer tanzt oder Tanzstunden nimmst. Sei kreativ!

Beste Freundinnen gehen durch dick und dünn

Die beste Freundin ist in der Pubertät deine wichtigste Ansprechpartnerin und Stütze. Und ihr wird es genauso gehen. Ihr geht gemeinsam durch dick und dünn. Mit ihr kannst du über alles reden, dir ist nichts peinlich vor ihr. Zudem muntert sie dich immer auf und du hast Spaß mit ihr. Ihr lacht über alles Mögliche, vertraut euch geheime Sachen an und lästert zwischendurch auch mal über den neuen Lehrer. Ihr malt euch eure Zukunft als erwachsene Frauen aus, besprecht eure Träume und Pläne, schaut gemeinsam eure Lieblingsserien an und hört die gleiche Musik. Mit ihr kannst du experimentieren und so sein, wie du bist. Und ihr stärkt euch gegenseitig den Rücken. Bei Problemen in der Schule, mit anderen Freunden oder den Eltern hört ihr euch verständnisvoll zu und gebt euch wertvollen Rat. Und wenn du einfach nur weinen willst, nimmt dich deine beste Freundin in den Arm. Seht ihr euch nicht, dann

127

chattet oder telefoniert ihr stundenlang. Sie ist jemand, den du nicht verlieren möchtest.

Wenn ihr euch streitet, bist du todunglücklich. Ohne sie wäre dein Leben einsam und traurig. Deshalb pflege deine Freundschaft. Freundschaften, die eng sind, sind etwas Besonderes – und zwar dein ganzes Leben lang. Denn du kannst dieser Person absolut vertrauen. Und wenn ihr mal einen Vertrauensbruch begeht, weil eine von euch etwas verrät, dann vertragt ihr euch wieder.

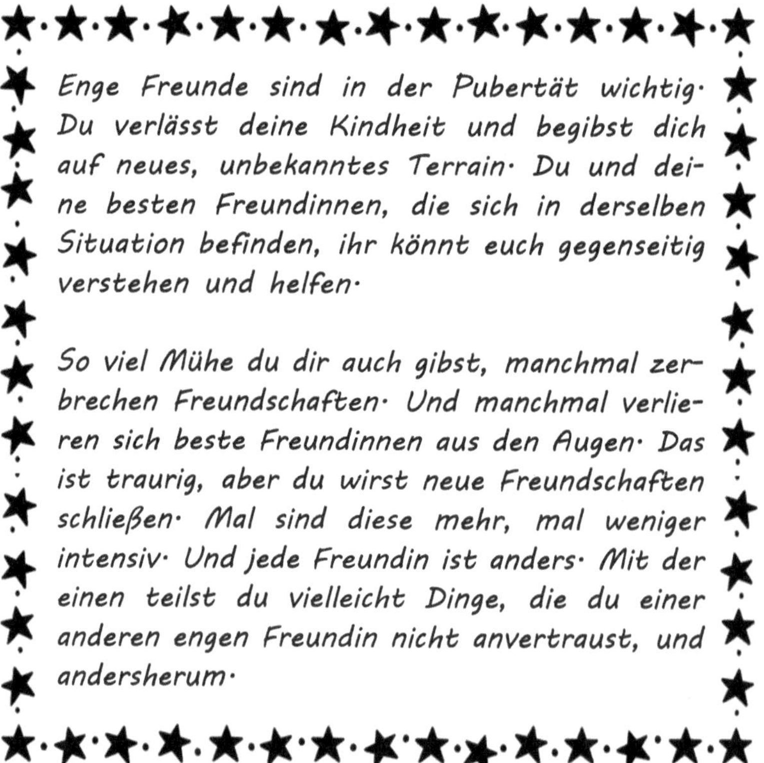

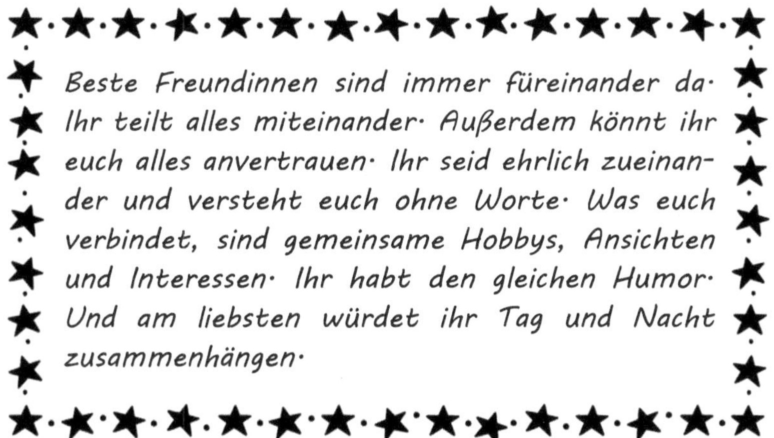

Meine beste Freundin ist ein Junge!

Du fragst dich vielleicht, ob eine dicke Freundschaft zwischen Jungs und Mädchen möglich ist. Und zwar ohne Händchenhalten und Verliebtsein. Na klar geht das! Jungs und Mädchen können super befreundet sein. Und zwar ohne, dass einer vom anderen mehr will. Du kannst mit einem Jungen viel zusammen machen, ohne verliebt zu sein. Ihr könnt beste Freunde sein. Vielleicht können deine Eltern nicht verstehen, warum du mit einem Jungen oder mit mehreren Jungen befreundet bist. Aber eigentlich macht es keinen Unterschied, ob es ein Mädchen oder ein Junge ist, mit dem du dich gut verstehst. Wenn ihr gemeinsame Interessen habt und gerne Zeit miteinander verbringt, euch sogar alles erzählt, dann habt ihr eine wunderbare Freundschaft.

Zudem haben Freundschaften mit Jungs einen Vorteil: Du erfährst Sachen und erlebst Dinge, die in einer reinen Mädchenfreundschaft nicht vorkommen. Das Besondere an der Junge- Mädchen-Freundschaft ist auch, dass du körperliche Nähe mit einem Jungen genießen kannst, ohne dass es um

Sexualität geht. Ihr seid euch einfach gern nah und kuschelt gerne. Wenn ein paar Freunde von dir fragen, ob da was zwischen euch läuft, musst du dich nicht rechtfertigen. Ihr versteht euch eben einfach super, und das ist alles.

Was passiert, wenn einer von uns Gefühle bekommt? Ihr seid unzertrennlich, ein richtiges Team und plötzlich hat dein Freund Gefühle für dich oder du für ihn? Das kann passieren. Wenn ihr beide erwachsener werdet, verändern sich vielleicht die Gefühle füreinander. Es gibt sogar einige beste Freunde, die sich ineinander verlieben und eine Beziehung miteinander eingehen. Doch das muss nicht sein. Dennoch, wenn einer von euch beiden plötzlich mehr will als Freundschaft, dann solltet ihr ehrlich sein und das sagen. Auch wenn du Angst um die Freundschaft hast, es bringt nichts, deine Gefühle zu verheimlichen. Wenn du merkst, dass er derjenige ist, der mehr will, solltest du ebenfalls mit ihm sprechen. Sprecht darüber, wie jeder von euch dazu steht. Sicher, wenn nur einer von euch verliebt ist, und dieses Gefühl nicht erwidert wird, ist das traurig. Doch wenn ihr miteinander redet, werden die Dinge klar zwischen euch und ihr könnt euch wieder auf die Freundschaft konzentrieren. Aber wie gesagt, es gibt viele Jungs-Mädchen-Freundschaften, wo sich keiner von beiden jemals in den anderen verliebt.

Selbstbestimmt als Mädchen: Du sagst, wo es langgeht!

Bei Mädchen wie auch Jungs verändert sich in der Pubertät im Gehirn der Neokortex. Dieser Bereich ist für das Denken zuständig. Während der Pubertät ist dieser im Umbau. Das bedeutet, dass du eher impulsiv reagierst und Situationen nach dem Lust-Unlust-Prinzip bewertest. Du ordnest Dinge nach den Grundsätzen: „Tut gut, macht Spaß – positiv"; „Ist schlecht, weil anstrengend – negativ." Das heißt, wenn deine Eltern dir etwas rational erklären wollen, haben ihre Argumente wenig Chancen. Hinzu kommt, dass durch deine Veränderungen im Gehirn der Wunsch entsteht, nach und nach mehr Verantwortung für dein Leben zu übernehmen. Du hast den Drang, dich zu spüren. Aus diesem Grund entladen sich in der Pubertät viele Energien. Und du produzierst jede Menge Stresshormone. Sie sind es übrigens, die sich dann in bestimmten Situationen (wenn du etwas nicht willst) entladen und zu Explosionen, Gegenreaktionen oder Wutausbrüchen führen.

Das bedeutet: In der Pubertät bist du viel emotionaler und bewertest Dinge in einfachen Kategorien (negativ/positiv). Du nimmst eine Art Verteidigungshaltung ein. Das ist dem Umbau deines Gehirns zu verdanken. Mit der Zeit, wenn sich dein Neokortex weiterentwickelt hat, führt das in die emotionale Selbstständigkeit.

Du beginnst, selbstbestimmt zu handeln. Am Ende der Umbauphase deines Gehirns bist du ein Mädchen, das stark ist, weiß, was es will, verantwortungsvoll ist und sich nicht verbiegen lässt. Es beginnt die Ablösung von deinen Eltern. Sie stellen nicht mehr die wichtigsten Bezugspersonen für dich dar. Deine Freunde werden immer wichtiger. Und du knüpfst immer engere Bindungen mit ihnen.

Selbstbestimmt zu handeln, ist Teil deiner Identitätsfindung. Mit Fragen wie „Wer bin ich?" und „Was will ich sein?" ebnest du den Weg in ein unabhängiges Leben. Dann ändern sich Bedürfnisse und du sehnst dich nicht mehr so stark nach Geborgenheit und Sicherheit. Stattdessen beschäftigst du dich mit dir selbst. Du fängst an, Tagebuch zu schreiben, zu malen oder übst eine andere kreative Tätigkeit aus, um dich auszudrücken und zu zeigen, wer du bist.

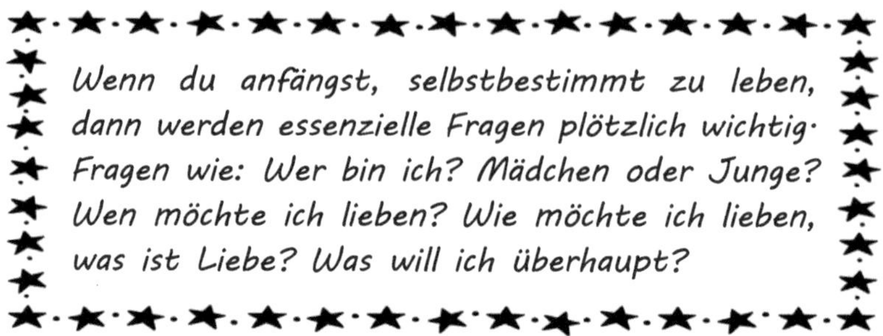

Wie entsteht Selbstbestimmung? Der Umbau deines Gehirns schafft die Voraussetzung für ein selbstbestimmtes Leben. Aber damit ist es nicht getan. Du brauchst auch Selbstvertrauen, um durch das Leben zu gehen. Wenn du dir zutraust, Dinge tun und bewegen zu können, dann lernst du, mit Herausforderungen umzugehen und dich ihnen zu stellen. Dein eigenständiges Handeln wird nicht immer perfekt sein. Und dass du mal Fehler machst, ist normal. Setze deine Messlatte deshalb nicht zu hoch.

Als Mädchen selbstbestimmt leben: Welche Rechte sind damit verbunden?

- Als Mädchen hast du ein Recht auf eine unvoreingenommene Unterstützung und Akzeptanz, was deine Identität betrifft.

- Als Mädchen hast du ein Recht auf Anerkennung deiner Talente, Interessen und Fähigkeiten.

- Als Mädchen hast du das Recht, deine eigenständige Persönlichkeit auszuleben.

- Als Mädchen hast du das Recht auf Bildung jeglicher Art.

- Als Mädchen hast du das Recht auf ein gewaltfreies Leben. Niemand sollte dich missachten.

- Als Mädchen hast du das Recht, zu entscheiden, wie du leben möchtest.

- Als Mädchen hast du das Recht auf Freiheit, Respekt und Liebe.

- Als Mädchen hast du das Recht, dich zu entdecken und auszuprobieren.

Schminken, shoppen und Partys feiern

Kennst du den Spruch: Wer ist die Schönste im ganzen Land? Vielen Mädchen in der Pubertät bereitet es große Freude, sich zu verkleiden, neue Frisuren auszuprobieren und Schmuck zu tragen. Wenn du in der Pubertät bist, hast du wahrscheinlich auch Lust, dich zu schminken und schönzumachen. Du legst dann Wert darauf, gut auszusehen. Es ist es dir nicht mehr egal, mit welchen Klamotten du aus dem Haus gehst und wie du aussiehst. Zudem macht es dir Spaß, dich zu stylen.

Solange du dich nicht kritisch mit deinem Körper auseinandersetzt und dich sowohl mit als auch ohne Schminke wohlfühlst, darfst du Lippenstift, Wimperntusche, Make-up, Kajalstift und anders nutzen. Aber bitte steigere dich nicht hinein. Du bist schön, so wie du bist. Auch ungeschminkt. Lass dich nicht von anderen unter Druck setzen, was Schönheitsideale angeht.

Aber warum stylt man sich überhaupt? Und wieso ist das in der Pubertät ein so großes Thema? Nun, es drückt deine Identität, Gruppenzugehörigkeit und Persönlichkeit aus. Und du setzt damit ein Statement. Außerdem, wenn alle das gleiche Outfit anhätten, wäre die Welt langweilig. Du zeigst zudem über dein Aussehen, dass du zu einer bestimmten Gruppe gehörst. Sei es Punk, Skater, Emo oder Hippie – anhand ihres Outfits und ihrer Klamotten erkennst du sofort, wer sie sind. Es gibt übrigens Jugendliche, die sich gegen jeglichen Klamottenstil aussprechen und aus Protest nur No-Name-Kleidung tragen. Was auch immer die Gründe hinter der Wahl deines Outfit sind, du entwickelst damit deinen eigenen Lebensstil und hebst dich mit deiner Kleidung von deinen Eltern ab.

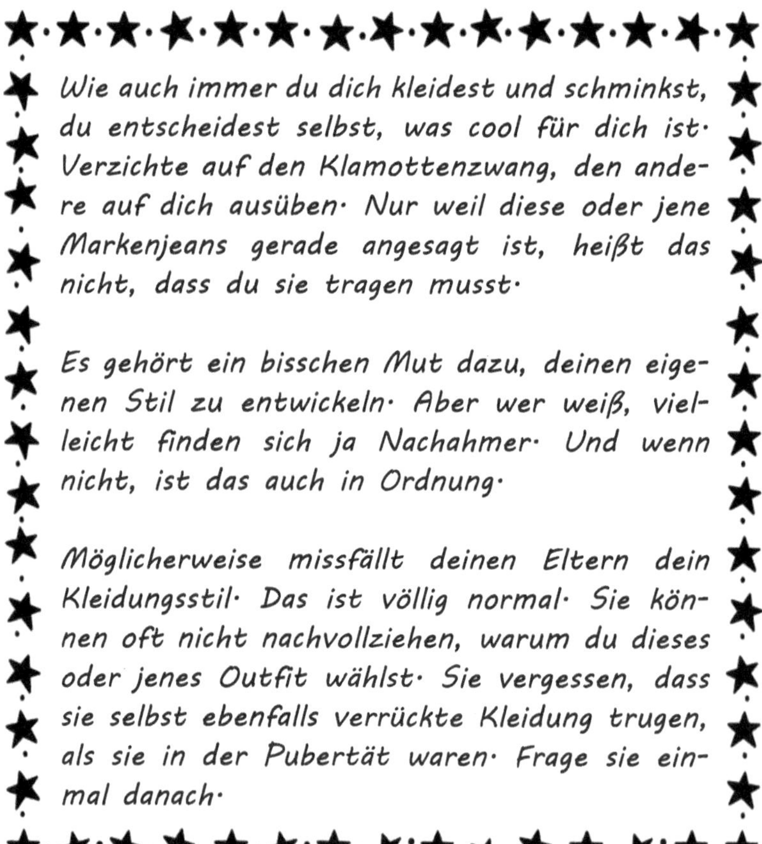

Alleine weggehen und woanders übernachten

In der Pubertät werden Ferienlager, Pferdehöfe, Jugendreisen, Sprachkurse, abendliche Veranstaltungen, das Übernachten bei Freundinnen und das Ausgehen in Bars und Clubs für dich interessant. Dies ist ein Zeichen, dass du einen riesengroßen Sprung in Richtung Unabhängigkeit machst. Du beginnst, dich von deinen Eltern abzunabeln. Und je älter du wirst, umso größer wird der Wunsch, wegzugehen und woanders zu übernachten. Du willst mit deinen Freunden feiern gehen und Spaß haben. Wenn möglich, auch richtig lange.

Deine Eltern stören dich vielleicht an manchen deiner Vorhaben und stellen bestimmte Regeln und Verbote auf. Aber auch, wenn du in Partylaune bist, brauchst du als jugendliches Mädchen weiterhin klare Bedingungen und geregelte Ausgehzeiten. Sonst würdest du deine Freiheit wahrscheinlich einfach auskosten, ohne die nötige Erfahrung dafür zu besitzen.

Deshalb musst du deine Eltern um Erlaubnis fragen. Du kannst nicht einfach so bei der Freundin oder dem Freund übernachten. Finden deine Eltern, dass du dafür noch zu jung bist, kannst du ihnen die Ängste nehmen und sie beruhigen. Wenn du dich zudem an die Absprachen mit ihnen hältst, werden sie dir vertrauen und dir Stück für Stück mehr Freiheiten geben. Denn deine Eltern wollen dich mit ihren Regeln und Verboten nicht bestrafen, sondern schützen. Sie haben Sorge um dich. Erst, wenn sie sehen, dass du Verantwortung übernehmen kannst und genug Selbstvertrauen hast, werden sie ihre Regeln lockern.

- Für Jugendliche gibt es gesetzliche Bestimmungen, die das abendliche Weggehen einschränken. Im Jugendschutzgesetz ist festgelegt, dass du dich in Gaststätten, Kneipen, Cafés und Bars, bis du 16 Jahre alt bist, nur bis 23 Uhr aufhalten darfst.

Zwischen 16 und 18 Jahren darfst du bis 24 Uhr in Bars und Kneipen sein.

- Das Gesetz gilt nicht für private Veranstaltungen wie den Geburtstag einer Freundin. Hier sind es deine Eltern, die entscheiden, ob und wie lange du wegbleiben darfst.

Sich von den Eltern abnabeln

Ob du's glaubst oder nicht, für deine Eltern ist es schwer, dich loszulassen. Auf dem Weg ins Erwachsenenalter wollen sie dich weiter beschützen und behüten. Auch, wenn dir das nicht mehr notwendig erscheint. Du findest ihr Verhalten überzogen oder peinlich und reagierst mit Trotz.

In der Ablösungsphase entfernst du dich zudem von den Sichtweisen und Einstellungen deiner Eltern. Das ist ein notwendiger Vorgang, ohne den du keine erwachsene Frau werden kannst. Das bedeutet nicht, dass du deine Eltern weniger mögen musst. Und du solltest sie weiterhin respektieren. Aber es ist normal, dass du dir neue Freiräume erkämpfst, auch außerhalb der Familie. Du probierst deine und ihre Grenzen aus und lernst dabei deine Stärken und Schwächen kennen.

Möglicherweise willst du nicht mehr mit ihnen in den Urlaub fahren oder die Oma besuchen, sondern lieber mit deinen Freunden abhängen. Oder du verzichtest auf den gemeinsamen Familienabend, weil du lieber einen spannenden Film im Kino sehen willst. Deine Bedürfnisse unterscheiden sich in dieser Phase von denen deiner Eltern. Das führt zum Teil zu Widerstand. Widerstand von dir, aber auch von deinen Eltern. Und manchmal hast du sogar Lust, gegen alles zu rebellieren, was mit deinen Eltern zu tun hat. Du willst ihnen nicht mehr alles anvertrauen und behältst deine Geheimnisse für dich.

Wenn deine Eltern verständnisvoll sind, werden sie das respektieren. Du kannst dich dann von ihnen lösen und darauf bauen, dass du bei Sorgen und Nöten jederzeit zu ihnen kommen kannst.

Denke daran, für deine Eltern ist es nicht leicht, mit deiner Veränderung umzugehen. Du verabschiedest dich von deiner Kindheit und wächst zu einer Erwachsenen heran. Dieser Prozess erschreckt deine Eltern oft ungewollt. Für sie geht das alles viel zu schnell, während es dir nicht schnell genug gehen kann.

Vom schutzbedürftigen kleinen Mädchen wächst du in der Pubertät zu einer erwachsenen Frau heran, die weniger Fürsorge benötigt und das Leben bestmöglich alleine bestreiten will.

Deine Eltern würden den Schritt deiner Abnabelung am liebsten hinauszögern. Natürlich ist ihnen klar, dass du erwachsen werden musst und sie das nicht verhindern können. Aber es hilft, wenn du ihre Perspektive verstehen kannst. Schließlich ist das Gefühl, nicht mehr gebraucht zu werden, für deine Eltern schwer zu ertragen. Sie müssen sich erst an dein neues Ich gewöhnen.

Wir machen Schluss, und bei dir fängt erst alles so richtig an!

Die Pubertät ist definitiv nicht immer leicht. Und sie lässt sich nur wenig mit einem glitzernden Disneyland vergleichen. Zwar wirst du in der Pubertät viele aufregende und neuartige Momente erleben, aber du wirst dich auch oft überfordert fühlen. Zu verstehen, was da in deinem Körper vor sich geht, gelingt nicht immer. Selbst, wenn du jetzt die Theorie kennst. Im Prozess deiner Verwandlung kommen zudem wichtige Fragen auf, zu denen du nicht immer eine Antwort hast: Ich werde zu jemandem anderen, aber wem? Du sehnst dich einerseits danach, eine erwachsene Frau zu werden, aber auf der anderen Seite hast du Angst vor der Unabhängigkeit und Selbstständigkeit. Wo ist dein Platz in der Welt? Wo gehörst du hin?

Geben wir es zu: Die Pubertät steckt nun einmal voller Tücken und Herausforderungen. In deinem Körper finden unzählige Prozesse statt, du wächst und veränderst dich jeden Tag. Körperlich wie emotional. Aber nicht alles ist negativ. Denn die Pubertät umfasst deine Jugendzeit. Du bist ein Teenager, der die Welt erkundet. Und es ist eine Zeit, in der Sexualität eine Rolle zu spielen beginnt. Du bekommst deinen ersten Kuss, verliebst dich das erste Mal. Du schließt enge Freundschaften und deine Freundinnen werden immer wichtiger. Nach und nach wirst du zu einer kreativen, starken und gutgelaunten Frau, die erwachsen aus der Sache emporsteigt. Und du lernst, dich zur Wehr zu setzen, für dich selbst einzustehen und Nein zu sagen. Du beschäftigst dich mit der körperlichen Vielfalt und der Selbstliebe. Und du begreifst, dass deine ganzen Gefühle und Emotionen Superkräfte sind, für die du dich nicht schämen musst.

Wir hoffen, dass dir dieses Buch geholfen hat, den eigenen Körper zumindest in der Theorie zu verstehen. Wenn du lernst, ihn so zu lieben, wie er ist, bist du auf einem guten Weg. Du wirst die Pubertät dann um einiges leichter meistern können. Sicher gibt es Tage, an denen du alles zum Kotzen findest, und das ist in Ordnung. Denn Erwachsenwerden ist nicht einfach. Und als ob das nicht genug wäre, kommt dann noch der Druck hinzu, schön oder weiblich genug sein zu müssen. Und dann tauchen auch noch Haare an den seltsamsten Stellen auf! Nimm es mit Humor. Du bist nicht alleine. Wir alle mussten durch die Pubertät. Und wie gesagt, sie hat viele schöne und aufregende Seiten, die es zu entdecken und zu erleben gilt. Denn es ist eine Zeit, in der du Grenzen testen und Dinge ausprobieren kannst, die du als Erwachsene womöglich nicht mehr auslebst. Deshalb wollen wir dir zum Schluss noch etwas mit auf den Weg geben: LEBE in vollen Zügen deine Pubertät, denn es ist deine Pubertät – du bestimmst, wie und wo es langgeht! Und nur du füllst sie mit wertvollen Momenten!

Und wenn du mehr wissen willst, dann nutze die nachfolgenden Links und Bücher zur Inspiration und Information!

Weiterführende Links und Materialien zum Thema Pubertät und Erwachsenwerden

Bei Problemen/Missbrauch und Gewalt gibt es spezielle Stellen, an die sich Jugendliche wenden können. Unter anderem auf der Webseite https://www.was-geht-zu-weit.de/ gibt es eine Online-Beratung.

Auf http://nina-info.de/ N.I.N.A., einer Initiative des Bundesvereins zur Prävention von sexuellem Missbrauch an Mädchen und Jungen e.V. bietet sich ebenfalls die Möglichkeit, telefonisch, online oder persönlich einen Seelsorger ausfindig zu machen.

Meine Erziehung – da rede ich mit! Ein Ratgeber für Jugendliche zum Thema Erziehung; vom Bundesministerium der Justiz und für Verbraucherschutz. Dieser ist online unter: https://www.bmjv.de/SharedDocs/Publikationen/DE/Meine_Erziehung.pdf?__blob=publicationFile&v=9 abrufbar. Er lässt sich gemeinsam mit den Eltern lesen.

Die Zentrale Anlaufstelle für von sexuellem Kindesmissbrauch Betroffene, aber auch für Menschen, die Missbrauch in ihrem Umfeld wahrnehmen ist unter 0800 22 55 530 (anonym und kostenfrei), montags und mittwochs zwischen 9 und 14 Uhr, dienstags und freitags zwischen 16 und 21 Uhr und sonntags zwischen 15 und 20 Uhr erreichbar. Sie besitzt auch eine Webseite: www.beauftragter-missbrauch.de.

Unter der Adresse www.jugend.bke-beratung.de lässt sich auch Rat und Unterstützung von erfahrenen Fachkräften einholen. Sie haben ein offenes Ohr für alle Sorgen und Probleme, auch jene, die nichts mit Missbrauch oder Gewalt zu tun haben. Die Berater lassen sich anonym unter 116111 erreichen.

Wer auf der Suche nach Aufklärungsvideos im Internet ist, der sollte den Kanal von ZDFtivi auf YouTube abonnieren. Er nennt sich: Was passiert in der Pubertät? logo! erklärt – ZDFtivi Kanal auf YouTube; dort findet sich eine kindergerechte Aufklärung in kleinen Videos zu verschiedenen Themen der Pubertät.

Zum Recherchieren im Internet

Es gibt viele Webseiten und Online-Ratgeber, die auf Jugendliche wie dich zugeschnitten sind und sich mit Themen wie Liebe, Sex, Identität und Pubertät beschäftigen. Zu den besten zählen:

- https://kinder.wdr.de/tv/du-bist-kein-werwolf/mein-koerper/index.html
- https://www.loveline.de
- www.geo.de/geolino

- www.recht-relaxed.de
- www.liebesleben.de
- www.regenbogenportal.de

Andere Bücher zum Thema Pubertät, die du lesen kannst

Diese Bücher haben uns bei der Recherche geholfen, sie sollten auch dir weiteres, interessantes und amüsantes Wissen liefern können:

1. Julia Sanders: Das große Aufklärungsbuch für Kinder ab 8 Jahren: Altersgerechte und zeitgemäße Aufklärung für Kinder mit cleveren Antworten auf alle Kinderfragen zur Pubertät, zum Erwachsenwerden und vieles mehr; Taschenbuch; erschienen am 18. Juni 2021; ISBN: 979-8522735234

2. Britta Schwarz: Meine erste Periode: Was ein Mädchen ab der ersten Regel wissen sollte; erschienen am 02. Februar 2020; ISBN: 9798603626437

3. Alles, was Mädchen wissen sollten, bevor sie 13 werden; erschienen am 07. März 2017; Taschenbuch; ISBN: 9783864300622

4. Katharina von der Gathen; Anke Kuhl: Klär mich weiter auf: Noch mehr echte Kinderfragen zu einem aufregenden Thema, erschienen am 19.01.2021, Taschenbuch, ISBN: 9783954701919

5. Jörg Müller, Dagmar Geisler: Ganz schön aufgeklärt!: Alles, was man über Aufklärung wissen muss; überarbeitete Neuausgabe; ISBN: 978-3785578605

6. Anna-MareikeSeidler; Mädchen starten durch: 146 Dinge, die Mädchen wissen sollten – Für Mädchen von 9 bis 14 Jahren; erschienen am 21. September 2021; EBOOK; ASIN: B09GVW74N6

7. Mayim Bialik; Endlich blicken, wie wir ticken – Spannendes Wissen rund um die Pubertät; erschienen am 21. August 2020; ISBN: 978-3423740623

8. Julia Korbik; How to be a girl: stark, frei und nicht zu übersehen; erschienen am 13. September 2018; ISBN: 978-3522305099

Quellen

1. Bundeszentrale für Gesundheitliche Aufklärung, Ein Ratgeber für Eltern zur kindlichen Sexualentwicklung in der Pubertät, (2021); https://www.bzga.de/infomaterialien/sexualaufklaerung/ueber-sexualitaet-reden-die-zeit-der-pubertaet/

2. Jugendportal der Bundeszentrale für gesundheitliche Aufklärung (2021); https://www.loveline.de/themen/maedchen/

3. Prof. Dr. Hans-Joachim Ahrendt; Ratgeber für junge Mädchen; https://www.jenapharm.de/service/ratgeber_maedchen.pdf

4. Die Online-Beratung Sexundso; https://sexundso.de/pubertaet/

5. pro familia Deutsche Gesellschaft für Familienplanung, Sexualpädagogik und Sexualberatung e.V., Landesverband Niedersachsen

6. Klexikon, Wikipedia für Kinder; https://klexikon.zum.de/wiki/Pubert%C3%A4t

7. Das Becken der Frau weitet sich durch Hormone aus, (April, 2016); https://www.mta-dialog.de/artikel/das-becken-der-frau-weitet-sich-durch-hormone-aus.html

8. Katja Aue, ERNÄHRUNG AKTUELL, Gut ernährt durch die Pubertät, (2021); https://www.deutsche-apotheker-zeitung.de/daz-az/2009/daz-7-2009/gut-ernaehrt-durch-die-pubertaet

9. Plattform Regelschmerzen: Alles über Ursachen und Symptome, (abgerufen Oktober 2021); https://www.regelschmerzen.de/

10. Marion Statz; Liebe, Körper, Gefühle: Eine Werkstatt zum Sexualunterricht (3. und 4. Klasse)

11. GrenzEcho; Pubertät – Schwärmerei und deine erste Liebe (*03. Februar 2017*) https://www.kaleido-ostbelgien.be/fileadmin/template/PDF/dokumente/echolino/Pubertaet__Schwaermerei_und_deine_erste_Liebe_I_GrenzEcho.pdf

12. Verliebtsein Anzeichen (September 2021); https://3tipps.tv/verliebt-sein-anzeichen/

13. Wenn die Seele schmerzt: Die besten Tipps gegen Liebeskummer, (abgerufen Oktober 2021); https://www.geo.de/geolino/mensch/10082-rtkl-wenn-die-seele-schmerzt-die-besten-tipps-gegen-liebeskummer

14. Recht Relaxed; Sex und Verhütung; Ab wann ist Sex erlaubt (2021) https://www.recht-relaxed.de/WebS/RechtRelaxed/DE/KoerperSex/SexVerhuetung/sexVerhuetung_node.html

15. Landesstelle Jugendschutz Niedersachsen; Oft gestellte Fragen zum Jugendschutzgesetz, (abgerufen Oktober 2021); https://1-bkv.de/data/documents/faq-jugendliche.pdf

16. Wirwarr der Gefühle - sexuelle Orientierung und Sexualpädagogik, Beate Martin in Sexualpädagogik in der Praxis, AJS Bayern 2002

17. Immer noch die „Scheißschwuchtel"; Parvin Sadigh (2019); https://www.zeit.de/gesellschaft/familie/2019-04/lgbtq-jugendliche-schule-diskriminierung-homosexualitaet

18. Liebesleben; Eine Initiative zur Förderung sexueller Gesundheit der Bundeszentrale für gesundheitliche Aufklärung (BZgA), gefördert durch die Bundesrepublik Deutschland.https://www.liebesleben.de/fuer-alle/sexuelle-orientierung/homosexualitaet/ und https://www.liebesleben.de/fuer-alle/sexualitaet/das-erste-mal/

19. Regenbogenportal.de vom Bundesministerium für Familie, Senioren, Frauen und Jugend; (2020); https://www. regenbogenportal.de/informationen/mein-kind-ist-vielleicht-trans

20. Gisela Gille; Mädchen fragen Mädchenfragen: Das Buch für Mädchen ab 11 Jahren; Taschenbuch – 2. April 2019